珍藏本
纪念版

汉译世界学术名著丛书

罗马盛衰原因论

附：论趣味

〔法〕孟德斯鸠 著

婉玲 译

2017年·北京

版本说明

本书的翻译是根据加尔涅名著丛书(Classiques Garnier)中的原文本(Montesquieu:*De La Grandeur des Romains et de leur Décadence*),并参考了俄译本《孟德斯鸠选集》(苏联国家政治书籍出版社1955年版)。正文内所加的注释都采自俄译本。

汉译世界学术名著丛书
（120 年纪念版·珍藏本）
出 版 说 明

2017 年 2 月 11 日，商务印书馆迎来 120 岁的生日。120 年前，商务印书馆前贤怀揣文化救国的理想，抱持“昌明教育，开启民智”的使命，立足本土，放眼寰宇，以出版为津梁，沟通中西，为中国、为世界提供最富智慧的思想文化成果。无论世事白云苍狗，潮流左右激荡，甚至战火硝烟弥漫，始终践行学术报国之志，无改初心。

迻译世界各国学术名著，即其一端。早在 20 世纪初年便出版《原富》《天演论》等影响至今的代表性著作，1950 年代后更致力于外国哲学和社会科学经典的译介，及至 1980 年代，辑为“汉译世界学术名著丛书”，汇涓为流，蔚为大观。丛书自 1981 年开始出版，历时三十余年，迄今已推出七百种，是我国现代出版史上规模最大、最为重要的学术翻译工程。

丛书所选之书，立场观点不囿于一派，学科领域不限于一门，皆为文明开启以来，各时代、各国家、各民族的思想与文化精粹，代表着人类已经到达过的精神境界。丛书系统译介世界学术经典，引领时代思想，为本土原创学术的发展提供丰富的文化滋养，为推动中国现代学术和现代化进程做出了突出的贡献。

为纪念商务印书馆成立120周年，我们整体推出“汉译世界学术名著丛书”120年纪念版的珍藏本，寄望既利于文化积累，又便于研读查考，同时向长期支持丛书出版的译者、编者和读者致以敬意。

两甲子后的今天，商务印书馆又站在了一个新的历史时间节点上。我们不仅要铭记先辈的身影和足迹，更须让我们的步伐充满新的时代精神。这是商务人代代相传的事业，更是与国家和民族的命运始终紧密相连的事业。我们责无旁贷，必须做好我们这代人的传承与创造，让我们的努力和成果不仅凝聚成民族文化的记忆，还能成为后来人可以接续的事业。唯此，才能不负前贤，无愧来者。

商务印书馆编辑部

2017年10月

出版说明

孟德斯鸠(1689—1755)是十八世纪法国启蒙运动的杰出思想家,是法国资产阶级革命的思想先驱之一。他的著述很多,最主要的有《波斯人信札》(1721年)、《罗马盛衰原因论》(1734年)和《论法的精神》(1748年)。《波斯人信札》已由罗大冈译出,由人民文学出版社于1958年出版;《论法的精神》原有严复的旧译本,书名《法意》。严复是据英译本转译的,最近已由张雁深据法文本重新译出,由我馆出版(新译本分上下两册,上册已出版)。这样,在《罗马盛衰原因论》相继译出后,孟德斯鸠的主要著作在我国就基本上都有了译本。

《论法的精神》是孟德斯鸠一生辛勤研究的最后成果和理论总结;而本书则可视为该著的前奏或绪论部分。在思想内容上,两者是紧密联系的。因此,我们与其把《罗马盛衰原因论》看作一本历史著作,毋宁把它看作一本政治论著更为切合该书的性质和作者的原意。作者不过是利用罗马的有关史料来阐发他的政治主张,来论证政治制度、法律制度的重要性,来为共和国制度提出历史的、理论的辩护,用以反对当时的专制暴政。

孟德斯鸠的历史观在当时具有鲜明的进步意义。他提出:社会的发展是遵循着一定的规律,而非人的意志所能完全控制的。但是由于历史条件的限制,他并没有能揭示真实的社会发展规律。他所得出的具体结论却是:罗马的兴盛是由于设立共和制度、法律开明、统治者贤智、人民风俗朴质、品德良善等等;而罗马的衰亡则是由于施行君主政体的统治和对外的掠夺政策以及民风败坏等等。归根结底，孟德斯鸠是把政治、法律制度看作决定社会发展的根本动力。十八世纪法国许多杰出的启蒙思想家都和孟德斯鸠一样，在历史领域内，他们都是唯心主义者，一方面承认人的意识是由环境决定的；另方面又认为人们的意见（或思想）支配着世界。他们始终陷在这个迷宫里。

关于本书的版本，据查考，本书自1734年出版以来，曾有过多种版本。此次本馆所据以翻译的是巴黎卡尔涅兄弟出版社《古典著作丛刊》内的新版本，它是依据最好的原本、经过慎重的校订，应是比较完备和可靠的。这个版本在《罗马盛衰原因论》正文之外，还附有孟德斯鸠的《论罗马人的宗教政策》（1716年）、《苏拉和欧克拉底的谈话》（1722年）和《论趣味》（详题应为《论自然和艺术的趣味》，写于何年不详。首次发表于1892年）三篇文章以及圣爱瓦尔蒙（Saint Evremont）《论罗马共和国各时期罗马人民的各种特长》一文。本译本只选译了《论趣味》一文，附在正文之后。

为了帮助读者更好地了解本书，本译本采用了苏联国家政治书籍出版局出版的《孟德斯鸠选集》内的有关注文；还将该选集卷首苏联学者巴士金所写的《沙利·路易·孟德斯鸠》一文译出，收在附录内。此外，在《论法的精神》中译本卷首刊有该书译者张雁深所写《孟德斯鸠和他的著作》一文和所编《孟德斯鸠生平大事年表》、《孟德斯鸠论著举要》，对于读者全面地了解和研究孟德斯鸠，都是有帮助的，可一并参考。

商务印书馆编辑部

1962年4月

目　　录

罗马盛衰原因论

论趣味

罗马盛衰原因论

第一章　罗马的起源——它的战争

在考虑到罗马城的起源时,不应当把我们今天看到的城市拿来和它相比;能和它相比的只有克里米亚的那些城市,因为它们是为了收藏战利品、牲畜和粮食而修建的。罗马的主要地点的古老名称都是由于这样的习俗得来的。

这座城市甚至是没有街道(rucs)的,如果人们不用这个名称来称呼一直接续到这里的、以这里为终点的道路的话。房屋是毫无秩序地分散在各处,而且非常之小,因为男子总是在外面工作或是在广场上,他们根本就不是待在家里的。

可是从罗马的建筑物上面,立刻就能看出它的伟大来。这些营造物不仅在过去,就是在今天,依然也能使人对于它的强大产生一种最为崇高的念头,它们都是在国王执政的时期修建的。那时人们已经开始建造这座永久之都了。

为了争夺公民、妇女和土地,罗慕露斯和他的继承者几乎永远是和他们的邻人作战的。他们每次回城都要带着从被征服的民族那里得来的战利品;这就是捆成一束束的麦子和畜群,这些战利品会给城市居民带来巨大的欢乐。这就是凯旋的起源:凯旋在后来也正是这座城市所以变得伟大的主要原因。

罗马由于和萨比尼人结合到一起，他们的力量大大地增强了，萨比尼人是像拉栖代孟人那样的严峻而又好战的民族，而他们的祖先就是拉栖代孟人。罗慕露斯采用了他们的大楯，来代替他以前一直使用着的阿尔哥斯的小楯。而且，我们应当指出，最足以使罗马人成为世界霸主的一种情况，就是在他们经常不断对一切民族作战的时候，他们只要是看到比自己更好的习惯，他们立刻就放弃了自己原有的习惯。

在意大利的各共和国里，当时人们认为，他们和一个国王缔结的条约对于他的继承人是没有任何约束力的：这对它们来说已经成了一种国际法。因此，凡是被罗马的一个国王所征服的人，到另一个国王即位时，便自认为不再受约束了。结果就产生了连续不断的战争。

努玛的长期的和和平的统治恰恰足以使罗马维持住一种小康的局面。如果在当时他的领土更大一些，他的国力更强一些，那么他的命运就很可能永久被确定了。

罗马繁盛的原因之一是：它的国王都是伟大的人物。在历史上，除此之外，我们再也看不到不间断的一连串这样杰出的政治家和统帅。

在社会制度刚刚产生出来时，共和国的首脑们就缔造了共和国的制度，而后来则是共和国的制度造成了共和国的首脑。

塔尔奎纽斯[①]未经元老院，也未经人民的选举就取得了王冠。

① 塔尔奎纽斯(统治时期为纪元前 534—前 509 年)，他是罗马帝国的所谓王政时期的第七个，也就是最后的一个国王。他的政策引起了氏族贵族的不满。反对塔尔奎纽斯的起义结果是把他赶跑，搞垮了国王的政权，建立了共和国。

从此政权变成了世袭的：他并且把它变成了专制的政权。在这两个革命之后紧接着又来了第三个革命。

他的儿子塞克司图斯奸污了路克列奇娅，这样就做了一件几乎永远会使暴君从他们所统治的城市被放逐出来的事情：因为这样一种行为很容易使人民感到自己的被奴役的地位，所以他们毫不犹豫地采取了极端的措施。

当新的税收加到人民身上的时候，人民是容易忍受下来的；他们并不知道在使用从他们身上取得的金钱时，他们是不是因此得到一些益处。可是，当他们受到侮辱的时候，他们就只会感到自己的不幸，而且他们还要把他们可能受到的一切灾难都想到了。

路克列奇娅的死亡不过是业已到来的革命的一个诱因而已，这一点可以说是千真万确不容怀疑的。因为一个自尊心强、有事业心、勇敢大胆并且被关闭在城墙之内的民族，必然或者是挣脱身上的枷锁，或者是把情绪镇静下来。

两种情况当中必然会发生一种：或者是罗马改变它的政府，或者是它仍然保持着自己那小而贫穷的王国的地位。

现代的历史提供给我们一个可以说明当时罗马发生的事情的例子；这实在是一种值得人们十分注意的事情：因为不论任何时代，人们的感情总是相同的，引起巨大变革的诱因虽然不同，但原因却永远是一样的。

就和英国国王亨利第七加强下院的权力以低贬上院一样，塞尔维乌斯·图留斯[1]却在他之前扩大了人民的权利以削弱元老院。可是人民后来变得更加大胆起来,他们把两个王国全都推翻了。

塔尔奎纽斯的形象在后人的心目中是十分不妙的。在攻击暴政的任何一位演说家口中,都不会漏掉他的名字。但是在人们看到他自己预见到的不幸临头之前他的行为,他对于被征服各族人民的温和,他对于士兵的宽厚,他能够使许多人归向他那一方面的本领,他所营造的公共建筑物,他在战争时的勇敢,他在遭到不幸时的坚忍,他在既无王国又无财产的情况下对罗马人民所进行的或是激使别人进行的二十年的战争,为进行战争他取得的源源不绝的资源,这一切都使人看得很清楚,这个人是一位了不起的人物。

后人对他的估价,和对其他一切事物一样,好或者是坏都会受到命运的任意摆布。任何一个国王如果他为后来占了统治地位的党派所战胜,或是他想消除掉留在他身上的偏见的话,那他的名誉总是要遭受损害的!

罗马把国王赶跑之后,就建立了每年选举执政官的制度。这一点也是使它变得极其强大的原因。每个国王在他的一生里都有野心勃勃的时期,但在这之后就会是纵情于其他享乐,甚至是懒散

① 塞尔维乌斯·图留斯(纪元前578—前535年)是罗马帝国王政时期的第六个国王。罗马的新宪法即和他的名字有关。恩格斯认为这一新宪法是"以希腊的范例,特别是以梭伦为依据的"。凡是能够拿起武器的居民都根据财产资格被分为六个阶级。由于塞尔维乌斯·图留斯的改革,罗马的政权集中在最富裕的那部分居民的手里,它不仅是反对奴隶的,也是反对罗马的无产者的。孟德斯鸠在这里试图揭露塞尔维乌斯·图留斯的改革的阶级性质。

的时期了。然而共和国的领袖是年年更换的，他们总是想在他们的任职期间成就赫赫的功业以便重新当选，因此他们每时每刻都不放松表现自己的雄心；他们劝说元老院建议人民发动战争，他们每天都向人民指出新的敌人。

元老院本身也是很愿意进行战争的。因为它经常不断地被人民的声诉和请求所苦，因此为了使自己摆脱人民的困扰，它就设法把人民的精力放到对外事务上去。

原来对人民来说，战争几乎永远是一件快意的事，因为战利品的合理分配是使人们获得利益的一种手段。

罗马这个城市没有商业，又几乎没有工业。每个人要是想发财致富，除了打劫之外，没有其他的办法。

正是由于打劫的缘故，人们却受到了一种训练，人们在打劫时所遵守的纪律几乎和我们今天在小鞑靼人中间所看到的情况一模一样。

战利品是公有的，它们在士兵中间分配：什么都遗失不了，因为在出发作战之前，每个人都要发誓绝不私吞任何东西。而且罗马人是世界上对誓约最虔诚的民族，誓约永远是维护他们的军纪的动力。

最后，留在城里的公民也享有胜利的果实。被征服民族的土地一部分被没收，没收的部分又被分成两部分：一部分由公家出售，另一部分在贫苦的公民中间分配，条件是要向共和国交纳租金。

只有在征服了什么地方或是取得了胜利的时候，执政官才能得到凯旋的荣誉，因此他们把战争进行得极其猛烈；他们作战时是一直冲向敌人，而决定战争胜负的首先是实力。

罗马因此永远是处于战争状态，而且这些战争又永远是激烈的战争：原来，一个永远在进行战争的民族，一个以战争为政府统治原则的民族，必然会或是自己毁灭，或是战胜所有其他的民族，因为那些民族不论是在战时还是在平时，都是既不适于进攻又没有防守的准备的。

因此罗马人对于战术便有了深刻的认识。在那些为时短暂的战争里，大部分的范例都失传了：和平往往使人们想到另一方面去，人们不仅忘掉他们自己的错误，甚至忘掉自己的功业。

不断战争的原则的另一个后果是：罗马人不战胜绝不缔结和约。老实讲，和一个民族缔结可耻的和约以便再去进攻另一个民族，那还有什么意思呢？

既然有了这样的想法，他们就总是按照他们失败的程度扩大自己的要求；因此他们就使战胜他们的人感到胆战心惊，他们并且下决心要自己非取得胜利绝不罢休。

由于随时有遭到最残酷报复的危险，坚忍和勇气对他们说来就成为必不可缺的了。而这些美德在他们身上就和对他们自己、对他们的家人、对他们的祖国以及对人类的一切最珍贵的东西的爱不能区分开来了。

意大利的各族人民完全不知道使用攻城器械。而且由于士兵根本不领饷银，这就不能使他们长期驻守在一个地方；因此，在他们的战争中，决战非常之少。他们作战不过是为了劫掠敌人的营地或是敌人的土地；在这以后，战胜者和战败者便各自返回自己的城市。这种情况造成了意大利各族人民的抵抗，同时也造成了罗马人想制服这些民族的顽强意志；这种情况使罗马人取得的是这样一些胜利,这些胜利绝不会使他们腐化堕落,却使他们依旧过着贫困的生活。

如果他们迅速地征服了所有邻接的城市,那么在庇鲁斯、高卢人和汉尼拔[①]来攻的时候,他们会早已处于衰微的境地了;就像是世界上几乎所有国家遭到的命运一样,他们是会过于迅速地从贫穷走向富足,再从富足走向腐化堕落的。

但罗马永远是自强不息并且永远是遇到障碍的,它虽然不能把自己的威力扩张出来,却总是使其他的民族感到这种威力。在一个很小的圈圈之内,他们施行了必然会对整个世界发生宿命作用的美德。

意大利的一切民族并不是同样好战的:托斯卡尼人由于他们的财富和奢侈而变得柔弱了;塔林顿人、卡普阿人、坎佩尼亚和大希腊的几乎所有城市都是在闲散和嬉戏中委靡下去;但是拉丁人、埃尔尼克人、萨比尼人、埃克人和沃尔斯克人则酷爱战争;他们都住在罗马的四周,对罗马进行着极为酷烈的抵抗,这样他们就成了把顽强精神教给了罗马人的老师。

拉丁的城市是阿尔巴的殖民地,这些殖民地是拉丁努司·西尔维乌斯建立起来的。这些城市的居民除了血统和罗马人相同之外,他们的仪节也都一样。塞尔维乌斯·图留斯劝他们在罗马修建一座神殿,以便作为两个民族相结合的中心。拉丁人在列吉拉湖附近的一次大战中失败以后,便不得不和罗马人结成联盟并和

① 汉尼拔(约在纪元前247—前183年),著名的迦太基统帅,以反对罗马人的军事行动而知名。汉尼拔在第二次布匿战争中表现得特别突出。孟德斯鸠认为汉尼拔是一位政治家和统帅而对他感兴趣。

罗马人缔结一项军事条约。

人们可以清楚地看到，在十人执政官专制统治的短暂的时期里，罗马的扩张依赖于它的自由达到了何等地步。国家仿佛失去了使它活动起来的灵魂。

在城里不过只有两类人：一类人是受奴役的人，另一类人则是为了他们私人的利益而想法奴役人民的。元老们像离开一个外国城市那样地离开了罗马：相邻的民族并没有遭到任何抵抗。

在元老院设法给士兵发了军饷以后，就进行了威伊城的围攻：这次围攻持续了十年之久。人们看到罗马人使用了新的技巧，罗马人有了另一种作战方法；他们的成就更加辉煌了；他们的胜利得到的好处更多了，他们进行了更大规模的征服，开辟了更多的殖民地，最后，威伊的攻克则成为一种革命了。

然而要做的事情并不是更容易些。如果说他们沉重地打击了托斯卡尼人、埃克人和沃尔斯克人的话，这一点却造成了这样的一些后果：罗马的同盟者，同罗马人有着同样武器和同样军纪的拉丁人和埃尔尼克人却离开了他们；托斯卡尼人自己组成了同盟；意大利的一切民族当中最好战的撒姆尼特人则对他们展开了酷烈的战争。

自从建立了军饷制度以后，元老院便不再把被征服民族的土地在士兵中间分配了。不过元老院却规定了另一些条件：例如说，它要这些民族在一定的时期内供应军队以饷银，供应他们以粮食和衣服。

高卢人的攻占罗马丝毫没有削弱它的实力：与其说是被征服毋宁说是被分散开来的军队几乎是不损一兵一卒地撤退到了威

伊。人民也都逃避到相邻的城市去；城市的火灾只不过是烧掉了牧人的几间小屋而已。

第二章　论罗马人的战术

罗马人注定和战争结下了不解之缘，他们把它看成是唯一的艺术，他们把自己的全部才智和全部思想都用来使这种艺术趋于完善。维吉秀说，毫无疑问，他们是在受了一位神的启示之后才组成了军团的。

他们认为，应该给军团的士兵以比任何其他民族的武器都要有力、都要沉重的进攻的和防御的武器。

但是由于在战争中有些事情是重武装的士兵所不能做的，因此他们就使军团内部有一支轻武装兵，为的是使这支队伍能够出去作战，而在有这个必要的时候，它还可以退回来。他们使军团还拥有骑兵、弓兵、弩兵，为的是追击逃敌和保证胜利。他们使军团装备着各种各类的战争器械，这些器械都是随着军团行动的。正像维吉秀所说，每当军团定驻在一个地方的时候，它就是一种设防的营地。

罗马人为了能够使用比其他人的武器更重的武器，他们就得受更多的锻炼：他们做到这一点，是由于他们不断地努力劳动以增强自己的体力，他们还通过各种练习以取得动作的灵巧，而这种灵巧不外是正确地分配自己的力量而已。

目前我们看到，我们的军队由于士兵的过度的劳动而发生大量的死亡。但正是由于大量的劳动，罗马军队才把自己保存下来。我想，这理由是：罗马军队经常是劳苦的，反之我们的军队在连续一段时期极度的劳动之后，却又整天闲下来什么都不做：这在世界上最足以造成大批死亡的情况。

在这里我以为有必要谈一谈作家们笔下罗马士兵所受训练的情况。他们要习惯于按照军队的步伐行进，这就是说，要在五小时内行军二十哩，有时是二十四哩。在行军的时候，他们得背负六十里弗的重量。他们要学习习惯于全副武装地奔驰和跳跃。他们在操练的时候要带着剑、标枪、箭，它们比起普通的武器来要重一倍。而且这样的操练又是经常不断地举行的。

人们不仅仅在营地里受到军事训练：在城市里也有一块可供市民操演的地方（这就是战神广场）。在操演之后，他们就跳入梯伯河，这一方面是为了练习游泳的技巧，一方面是为了洗掉身上的尘土和汗垢。

对于体力的锻炼，我们在目前并没有一个正确的认识：我们蔑视过多地从事体力锻炼的人，理由是这些锻炼的大部分，它们的目的不外是娱乐而已。可是对古人来说，一切体力锻炼，直到舞蹈，都是战术的一部分。

在我们中间甚至存在着这样的看法，即过分巧妙地使用我们在战争中所用的武器，竟然成了一件可笑的事情，因为自从单个对单个的战斗之风流行以后，剑术就被看成是爱吵架的人或胆小鬼才学的东西了。

有些人批评荷马[①]，说他总是称赞他的英雄的气力、灵巧或是

① 荷马，古希腊的半传说的诗人，著有《伊利亚特》和《奥德赛》两大史诗。孟德斯鸠多次把荷马的史诗认为是古代创作的杰出文献。

体格的匀称，这样的人一定会觉得撒路斯特也很可笑，因为他称赞庞培，原因是“庞培能够和跟他同时的人们比赛跑、比跳跃、比负重”。

每当罗马人遇到危险或当罗马人想弥补某一损失的时候，他们就必定利用这个机会来加强军事纪律。在他们不得不同像他们自己一样好战的拉丁人作战时，曼利乌司想要加强统帅部的力量，结果竟然把自己的儿子处死了，因为他的儿子不遵守他的命令而战胜了敌人。他们在努曼齐亚战败以后，斯奇比奥·埃米里亚努斯马上就没收了士兵身上一切会使他们委靡下去的东西。罗马军团在努米地亚从轭下走过，麦铁路斯便由于恢复古老的纪律而洗雪了这一耻辱。为了战胜西布利人和条顿人，马利乌斯①一开头就使河流改道。苏拉则使自己的那些害怕对米特利达特作战的士兵劳苦到这样的程度，以致他们为了结束自己的劳苦，竟然要求去作战了。

普布里乌斯·纳西卡毫无必要地迫使士兵修造一支舰队，因为人们害怕懒惰，甚于害怕敌人。

奥路斯·盖留斯对于罗马人给犯了过失的士兵放血的习惯没有说出什么道理来；而真正的意图却是，力量既然是士兵的主要美德，所以削弱他的身体，也就是贬损他了。

受到这样严格锻炼的人们通常都是健康的。在古人的著作中，我们看不到在多种多样的气候条件下作战的罗马军队会由于

① 盖约·马利乌斯(约纪元前156—前86年)，罗马统帅和政治家、执政官。他是“骑士”阶层利益的代表；他改革了罗马军队，用雇佣的常备军代替了民兵。

疾病而发生大量的死亡;相反的,在今天却几乎不断发生这样的情况,根本没有作战过的军队,在一次战役中就可以说融化掉了。

在我们这里,开小差的事情是很多很多的,因为士兵都是每一个民族的最卑劣的那一部分。结果是没有任何一个民族在这一点上比其他民族有什么高明之处,也没有任何一个民族这样认为过。在罗马人中间,开小差的事情就比较少:士兵们是从一个自尊心这样强、这样骄傲、这样深信应该统治别人的民族中间吸收来的,他们绝不会想到把自己鄙视到这样程度,甚至不要再做一个罗马人。

由于罗马的军队人数不多,要维持这支军队的给养并不困难;统帅可以更好地了解自己的士兵,可以更容易看到士兵的过错和破坏纪律的情况。

由于他们的锻炼而取得的力量和他们所修筑的极其良好的道路,使他们能够进行长途的、快速的行军。他们的出其不意的出现可以使敌人丧胆:特别是他们偏偏在战败之后举行进攻,而这却正是他们的敌人因胜利而疏于防备的时候。

在我们今天的战斗中,个别的士兵不集合成大群是没有信心作战的;但是比自己的敌人更要强壮和更加受过战争训练的每个罗马人永远是凭着自己的本领作战的:他生来就有勇气,这就是说,他具有能够认识到他自己的力量的那种美德。

罗马的军队的纪律永远是十分严明的。因此即使在最不利的战斗中他们也不会不集结在某一个地区,或者在敌人的队伍中也不会不发生任何混乱。因此在历史上,我们总是不断地看到,尽管在开始的时候，他们由于敌人的数量大或是斗志强而被战胜，但最后他们总是从敌人的手中夺得了胜利。

他们的主要注意力是考察在什么上面他们的敌人能够胜过他们，从而他们首先就在这上面进行整顿。他们从伊特鲁里亚人那里学会了举行剑术比赛，他们看惯了在进行这种比赛时所造成的流血和负伤。

高卢人的锋利的剑，庇鲁斯的大象，只不过使他们吃惊一次。为了弥补他们的骑兵的弱点，他们首先取消马匹的缰绳，以便使他们的骑兵向前冲锋时所向无敌，接着他们又把轻武装兵（velites）配合到骑兵里面去。当他们知道了西班牙式的剑以后，他们就不再使用自己的剑了。由于发明了波利比乌斯[①]给我们记述下来的一种器械，他们又掌握了对付舵手技术的办法。最后，正如约瑟夫所说，战争对他们来说是一种深思熟虑的机会，而平时则是他们进行操练的机会。

如果某一个民族由于本性或是由于自己的制度而有某种特殊的优点的话，他们立刻就把它学习过来；他们绝不会忘记要有努米地亚的马、克里特的弓手、巴列亚尔的弩手、罗德斯的船只。

最后，没有任何一个民族在准备战争时能够像罗马人这样小心谨慎，在作战时能够像罗马人这样毫无畏惧。

① 波利比乌斯（纪元前约201—前约120），古希腊历史家。他积极地参加了希腊的政治生活。在《通史》一书中，波利比乌斯阐述了个别国家的政治史。他主张这样的一种统治方式，即君主的、贵族的和民主的原则三者相结合的方式。他认为罗马的国家制度就是这样的一种理想的政治制度。孟德斯鸠吸收了波利比乌斯的折衷思想。

第三章　罗马人如何能够强大起来

由于今天欧洲各民族有着几乎相同的战术、相同的武器、相同的军纪和相同的作战方法，所以罗马人的令人惊异的命运在我们看来就是不可理解的了。而且目前各国的实力又是这样不均衡，以致一个小国根本无法用自己的力量摆脱神意为它们所安排的那个卑屈的地位。

这一点值得人们很好地思索一下，否则的话，我们对于看到的事件，就会无法理解。而且，如果我们不能很好地领会罗马人和近代人在处境方面的区别，那么在读古代历史的时候，我们就会以为我们看到的是和我们不同的另一种人了。

长时期的经验使欧洲的人们认识到，拥有百万臣民的国王，要使自己的国家不致毁灭，就不能保有一万以上的士兵：因此只有大国才能有军队。

在古代的共和国里，情况却不是这样。因为在今天，士兵是其他居民的百分之一的这个比例，在那里很容易提高到八分之一。

古代共和国的缔造者是把土地平均分配的：只有这一点才能使人民强大起来，这就是说，造成一个井井有条的社会。这一点还能造成一支精良的军队，他们每个人都能同样充分地关心保卫自己的祖国。

当人们不能严格遵守法律的时候，事情就会发展到我们今天这样的情况：某一些人的贪欲和另一些人的浪费使土地转到少数人的手里去；而很快地为了贫富的相互需要又产生了手工业。这种情况使公民和士兵几乎不再存在;因为在先前土地是用来维持士兵的,现在却用来维持奴隶和手工业者了,奴隶和手工业者都是新占有者的奢侈工具:然而如果没有士兵的话,那尽管秩序混乱却又必须维持下去的国家就要灭亡了。在风俗败坏之前,国家最初的收入是在士兵中间分配的,这就是说,在农民中间分配:当共和国的风俗败坏之后,土地立刻就转到富人手里去,富人又把土地交给奴隶和手工业者,再向他们抽取土地的一部分收入作为租税,用来维持士兵。

不过这样的人却完全不适于作战的:他们都是胆小鬼,他们都已被城市的奢侈生活,甚至往往被自己的技艺所腐蚀。此外,既然他们根本没有自己的祖国,而且他们到处可以凭自己的本领吃饭,因此他们就没有什么会丢失或是要保存的东西了。

在国王被驱逐之后不久罗马所进行的人口调查,以及在法列拉的狄米特留斯在雅典所进行的调查中,我们看到两个城市居民的数目几乎是相等的:罗马的居民是四十四万人,雅典的居民是四十三万一千人。不过罗马的进行人口调查正是在它的全盛时代,而雅典进行人口调查的时候,它已经完全腐化了。我们看到,罗马的成年公民是它的居民人数的四分之一,而在雅典,成年公民只占二十分之一弱;因此,在不同的时期中间,罗马的实力比起雅典的实力来几乎是四分之一比二十分之一,也就是说罗马比雅典要强到五倍。

在莱喀古士时期[①],斯巴达公民的人数是九千,可是斯巴达到

① 莱喀古士(约纪元前8世纪),传说他是草创斯巴达国家制度的人物。他本人和归到他身上的那些改革都是不可信的。根据这些改革,全部土地平分为九千或一万块,归斯巴达居民所有。这一改革反映了从原始公社制度向阶级的奴隶制社会的过渡。

国王阿吉斯和克列欧美尼的时候却只不过有七百人了，而且其中有土地的最多不过一百人，其他的人都只是胆小的贱民而已；他们因而恢复了过去的法律，斯巴达也就重新取得了昔日的强大，成了对全体希腊人的严重威胁。

正是土地的平分使罗马能够摆脱当初的卑微地位，而这一点在罗马已经腐化堕落的时候，就使人们特别明显地感觉到。

当拉丁人拒绝承担提供罗马以军事援助的义务时，罗马不过是一个小小的共和国；然而罗马却在自己的城内一下子拿出十个军团的兵力来。李维①说："如果今天敌人突然出现在罗马城下的话，则全世界都容纳不下的罗马也未必能再做出同样的事情了；这一点很确切地表明，我们根本没有强大起来，而我们所做的，不过是增加使我们一天比一天糟下去的奢侈和财富而已。"

提贝留司·格拉古②对显贵们说："告诉我，哪一个更珍贵些：一个公民或是一个终身的奴隶，一个士兵或是一个不能作战的人？难道你们为了要比别的公民多几阿尔旁的土地，就愿意放弃征服

① 狄特·李维(纪元前59年至纪元17年)，罗马历史家，他记述了古代罗马人的日常生活和风俗习惯。李维同情共和国，却又不反对帝国的政治制度。孟德斯鸠把李维的著作利用来作为古代的史料。

② 提贝留司·格拉古(纪元前163—前132年)和盖约·格拉古(纪元前153—前121年)，古代罗马政治家。他们的改革的目的是复兴自由农民和加强罗马军队。担任保民官的提贝留司提出了把土地给予罗马贫苦公民的法案。这一改革是反对大土地占有制的。提贝留司·格拉古被反对他的元老所杀。

盖约·格拉古继续实施土地法并施行了其他许多民主改革(在罗马廉价出售粮食，减轻军役，为贫苦公民开辟殖民地)。他提出方案，要把罗马公民权给予联盟者。这一切改革引起了贵族的激烈反对并且未能彻底实施。盖约·格拉古也是死于自己的敌人的迫害的。

世界其他地方的希望，或是愿意遭到敌人夺走你们拒绝给予我们的这些土地的危险吗？”

第四章　论高卢人——论庇鲁斯——迦太基与罗马的平行地位——对汉尼拔的战争

罗马人对高卢人曾进行过多次的战争。爱荣誉，不怕死，有顽强的胜利意志，这是这两个民族的共同的特点，但他们的武器却不相同。高卢人的楯是小的，他们的剑也不行：因此罗马人对他们的看法几乎和后世西班牙人对墨西哥人的看法一样。而使得人们感到惊讶的是，这些几乎在一切地方和一切时代里被罗马人所征服过的民族，虽然接连遭到毁灭的命运，却根本不去认识，也不去设法防止它们的不幸的原因。

庇鲁斯和罗马人作战的时候，正是罗马人能够抵抗他，并且从他的胜利吸取经验教训的时候：他教给罗马人修筑防地的方法，教给他们如何选择营地和扎营，他使他们习惯于应付大象，训练他们适应更大规模的战争。

庇鲁斯的伟大地方仅仅在于他个人的一些优秀品质。普卢塔克[①]告诉我们，他之所以不得不进行马其顿战争，是因为他无法维持他的八千步兵和五百骑兵。在死后便不再被人们所提起的这个

① 普卢塔克（约46—126年），古代世界的作家。他的作品涉及伦理学、宗教、历史方面的问题和希腊罗马活动家的传记。在这些作品里，他表现为一位说教的哲学家、拥护君主制度者和罗马帝国的崇拜者。孟德斯鸠很尊敬普卢塔克，认为他是古代的一位杰出的思想家。

小国的国王乃是个冒险家,他不断进行征伐,因为不这样做,他便无法存在下去。

和他联盟的塔林顿比起他的祖先拉栖代孟人的制度来已大大地蜕化了。他和撒姆尼特人在一起,本来是可以做出大事情来的,可是罗马人把他们几乎全都消灭了。

比罗马更早地富有起来的迦太基腐化堕落得也比罗马早;因为,正当在罗马只能由于美德方才可以取得公职,而公职除了能给人以荣誉和执行职务时的优遇以外,并不给人以利益时,公家所能给予个人的一切在迦太基却是出售的,而私人所担任的一切公职也都是由公家付给报酬的。

对于国家来说,一个国王的暴政的害处比起不关心公共利益对一个共和国的害处还要小些。一个自由的国家的优点是它的收入分配得比较好,但如果分配得较差的时候,则自由的国家的优点是它根本没有宠臣;但是当事情不是如此,不是使国王的朋友和双亲发财,而是使参加政府的一切人的朋友和双亲发财的时候,那么一切便都垮台了;这样的违法乱纪比一个国王的违法乱纪要更加危险,因为作为一国公民之首的国王,他照例是最关心守法这件事情的。

古老的风俗习惯,一种安于贫穷生活的作风,使罗马人的财富相互间几乎是没有多大出入的;但是在迦太基,私人的财富却可以同帝王相埒。

在迦太基得势的有两派,一派总是希望和平,另一派则总是希望战争;结果迦太基便把自己弄得既不能享有和平,又不能很好地进行战争。

在罗马，战争从一开始便会把全体的利益结合成为一体；但在迦太基，战争却只会更加扩大个人之间的利害冲突。

在由一个国王所统治的国家里，争端容易调处，因为国王手里有强制的权力，足以使两派言归于好。但是在一个共和国里，争端反而更加旷日持久，因为毒害通常总是向可以纠正它的权力本身进攻的。

在法律统治之下的罗马，人民容许元老院领导国家大事；迦太基则是营私舞弊的人们的天下，因此人民对于任何事都愿意自己做才放心。

迦太基凭借自己的财富对罗马的贫穷作战，但正因为如此，却有它不利的一面：金银有一天是会用完的，至于德行、坚忍、力量和贫困却永远是取之不尽、用之不竭的。

罗马人由于骄傲而野心勃勃，迦太基人则由于贪欲而野心勃勃。罗马人是想统治别人，迦太基人则企图获致利益；不断计算收益和支出的迦太基人在作战的时候，心里照例是不喜爱战争的。

失利的战争，居民的减少，商业的衰落，国库的耗竭，相邻各民族的骚动，只会迫使迦太基接受最为苛酷的讲和条件；但罗马在行动时是不考虑得失的，他们一切决定于他们的荣誉感。既然它相信它不可能不统治别人而存在下去，因此绝不会有任何希望或是恐惧，足以迫使它缔结一项不是按照它的意思拟订的和约。

在像罗马和拉栖代孟这样的共和国里，人们遵守法律并不是由于恐惧或由于理智，而是由于热爱法律；因此不可能有比这样的共和国更加强大有力的了，因为那时除了一个好政府的贤明之外，还要加上一个派别所能拥有的全部力量。

迦太基人使用外国雇佣军，罗马人则使用他们自己的军队。由于罗马人总是把被征服的人们看成是取得未来的胜利的工具，因而他们就把他们所征服的一切民族变成士兵；在征服别的民族时他们付出的力量越大，他们也就越发认为这个民族值得并入自己的共和国。因此我们就看到，经过二十四次胜利之后才被征服的撒姆尼特人就为罗马提供了辅助的军队；而在第二次布匿战争之前不久的时候，他们从他们自己和他们的同盟者中间，也就是从绝不比教皇领地或那波里王国来得大的一块地方，征集了七十万步兵和七万骑兵来对抗高卢人。

当第二次布匿战争正在打得难分难解的时候，罗马手里经常准备着二十二个到二十四个军团；但是根据李维的报道，当时罗马的全部公民人数只不过有十三万七千人左右罢了。

迦太基把它大部分的军队用来进攻；罗马则用来防守。正如我们刚才提到的，罗马武装了很大的一支军队去对付向它进攻的高卢人和汉尼拔，但它只派出两个军团去对付那些最大的国王：这一点就使它的兵力永远不会枯竭。

迦太基在非洲所处的地位比之罗马在意大利所处的地位是不够巩固的：罗马的四周有三十个殖民地，这些殖民地对罗马来说仿佛是它的壁垒。在坎奈一役之前没有一个同盟者背弃过罗马：这是因为撒姆尼特人和意大利的其他民族已习惯于服从罗马的统治了。

非洲的大多数城市防守得很差，不管是谁的军队，只要是开到它们的城市跟前，它们就立刻会投降的；因此在那里登陆的任何人，阿伽托克利斯也好，列古鲁斯也好，斯奇比奥也好，他们都立刻会使迦太基处于绝望的境地。

在头一个斯奇比奥对迦太基作战的全部期间，迦太基人所遭遇的一切只能由一个坏政府负责：他们的城市和甚至他们的军队挨饥受饿，但同时罗马人却任何东西都十分丰足。

迦太基的军队在战败时就变得更加横暴；他们往往把他们的将领钉死在十字架上，他们是由于本身的胆怯而惩治他们的将领的。在罗马人那里，执政官则把临阵脱逃的军队的十分之一处死，然后再率领其余的人去杀敌。

迦太基人的统治是十分苛酷的：他们把西班牙的各族人民折磨到这样的地步，以致在罗马人一到那里的时候，这些人立刻把他们看成是解放者。如果我们注意一下迦太基人在进行一次不成功的战争时他们所花费的巨大款项的话，那我们就可以清楚地看到，不义之财是保不住的，不公正的作风甚至不会达到自己的目的。

亚历山大里亚的建设大大地削弱了迦太基的商业。在最早的时候，迷信以某种方式把外国人驱出埃及；当波斯人征服了埃及时，他们所想的只不过是如何削弱自己的新臣民而已；但是在希腊国王的统治之下，世界上的全部商业几乎都由埃及包办，而迦太基的商业则开始衰落了。

由于商业而建立起来的国家如果谦虚自守的话是可以长久维持下去的；但是它们变成大国之后却无法长久维持下去了。它们是一点一点地在他人没有察觉的情况之下兴旺起来的；因为它们并没有任何突出的行动足以动人听闻，或者足以显示它们的威力；可是当事情发展到它的实力不能不引起别人的注意时，人们就都从这个国家夺取可以说是用欺骗的手段得来的权益了。

迦太基的骑兵优于罗马的骑兵是由于下述两个原因：一个原因是努米地亚的和西班牙的马比意大利的马品种要好；另一个原因是罗马骑兵的武装差。从波利比乌斯的著作中我们知道，直到罗马人在希腊作战的时候，罗马人才改变了自己的作战方法。

在第一次布匿战争中，自从迦太基人选择平原地带用骑兵作战之后，列古鲁斯就被打败了；在第二次布匿战争中，汉尼拔也是由于他手下的努米地亚人才取得了他的那些主要胜利的。

斯奇比奥在征服了西班牙并和玛西尼撒缔结了联盟之后，便使迦太基人失掉了这个优势。正是努米地亚的骑兵在扎玛之役中取得胜利并结束了战争的。

迦太基人在海上有较多的经验，他们在海战方面也比罗马人精明；但是我以为对当时来说，这一长处所起的作用并不像今天这样大。

古人因为没有罗盘，所以只能沿着海岸航行；因此他们所用的不过是用桡划行的船只，这种船是一种平底的小船；几乎所有的停泊地点对他们来说都是港口；掌舵的技术十分有限，而他们对船只的操纵意义也并不大；因而亚里士多德[①]就说，专门搞一批水手在

---

① 亚里士多德(纪元前 384—前 322 年)，古代希腊的杰出思想家。他在自己的著作中，探讨了哲学、逻辑、自然科学、心理学、历史、政治、伦理学、美学等等方面的问题。亚里士多德拥护奴隶制度，他的这种主张是以生物学为借口的。他还很注意国家与法的问题。

亚里士多德的哲学观点动摇在唯物主义与唯心主义之间。亚里士多德和柏拉图不同，他承认自然的客观存在。每一物体都是由物质与形式构成。形式是本源，这种本源组成死的物质并赋予它以灵魂。物质与形式结合，产生了新的物体。列宁指出了亚里士多德的辩证法要素。

孟德斯鸠对亚里士多德感兴趣，因为他把亚里士多德看成是一位国家和法的理论家以及杰出的历史学家。但是他批评亚里士多德给奴隶制度所作的辩护。

那里是没有用处的，农夫就足够做这些事情了。

航海的技术是如此不完善，以致当时人们用一千只桡所得到的效果不过等于今天一百只桡所得到的效果。

就下面一点说来，大船是不方便的：桡手要它们移动很困难，因此它们无法进行必要的转动。安东尼在阿克求姆有这方面的一个十分惨痛的经验：他的船只不能转动，于是奥古斯都的那些较为轻便的船只这时就从四面八方向它们进行攻击。

古代的船只都是用桡划行的，较轻便的船很容易把较大的船只的桡打断。于是这些大船就成了无法转动的庞然大物，就和今天的帆樯折断了的船只一样。

自从罗盘发明以后，人们的做法就改变了；人们不再使用桡来划船，船只远离了海岸，人们开始修造大船；机械变得更加复杂，而船只的操纵方法也更加完善了。

火药的发明引起了这样一种人们不会怀疑的后果：这就是海军的力量比过去任何时期都更加有赖于航海术；因为，为了能够经得住发炮时的猛力和不遭受优势炮火的轰击，就必须修造大船。然而随着船只的加大，操纵船只的技术也一定要不断地相应改进。

从前，小船突然地相接到一处，于是双方的士兵便展开了战斗；全部陆军都配置在一支舰队上面。在列古鲁斯和他的同僚取得胜利的一次海战当中，是十三万罗马人对十五万迦太基人作战。对当时来说，重要的是士兵，水手则居次要的地位；但是在今天，士兵根本无关重要或者不很重要，而水手却占了重要的地位。

执政官杜伊里乌斯的胜利就使我们深深地感到这样的一个区别。罗马人根本不懂得航海术;迦太基的一只舰船在他们的海岸上搁浅了,于是他们便模仿着这只船修造了一只新船:在三个月的时期里,他们的水手受到了训练,他们的舰队被修造和装备起来并且被放到海里去,这支舰队遇到了迦太基的海军后,便把它击败了。

在今天,一个国王恐怕用一辈子的时间也未必能建立一支能够和已经称霸海上的国家相抗衡的舰队:这可能是单用金钱所不能做到的仅有的一件事。如果在今天,一位伟大的国王能立刻做到这样一点的话,那么别人身上的经验却会使我们看到,这是一个只能加以赞许却不宜于模仿的例子。

第二次布匿战争是如此著名,以致世界上没有一个人不知道它。当我们仔细考察一下汉尼拔所遇到的重重障碍,而这位了不起的人物又克服了一切困难的时候,我们也就看到了古代提供给我们的一幅最辉煌的画面。

罗马表现了令人吃惊的坚忍精神。在铁新、在特列比司、在特拉西孟等战役失败之后,在更加悲惨的坎奈一役战败之后,虽然意大利几乎所有的民族都背离了罗马,罗马却始终没有求和。元老院始终不渝地遵守着那些古老的金言:它对付汉尼拔的办法就同过去对付庇鲁斯的办法一样,过去只要是庇鲁斯留在意大利,元老院便拒绝同他和解;而在哈里卡尔拿苏斯的狄奥尼西乌斯[①]的著

① 哈里卡尔拿苏斯的狄奥尼西乌斯(纪元前1世纪至纪元1世纪),古希腊历史家。在论述罗马远古时期的著作《罗马稽古录》中,狄奥尼西乌斯的目的是要证明罗马法的明智并表现罗马的勇敢,在他看来,这必然会使希腊人容忍罗马的统治。

作中我发现，在和科利奥兰奴斯谈判的时候，元老院宣布说，它绝不愿破坏罗马人的古老的习惯，这便是当敌人留在他们土地上时，罗马人民是不愿讲和的；可是，如果沃尔斯克人撤退的话，罗马却可以满足他们的一切正当要求。

罗马的得救是由于它的制度的力量。在坎奈之役以后，它甚至不允许妇女们流泪。元老院拒绝把战俘赎回，并且把军队中剩下的那些可怜的人们送到西西里去作战；在汉尼拔被赶出意大利之前，不对任何人给予奖赏，不颁发任何军事荣誉。

另一方面，执政官铁伦求斯·瓦罗却可耻地一直逃到威努西亚。这个出身极其卑微的人所以当选为执政官只是为了使贵族感到难堪而已。但是元老院并不愿意利用这一不幸的凯旋；它看到在这样的情况之下，它是多么需要取得人民的信任；它迎接了瓦罗并且对他表示感谢，因为他并没有对共和国的命运感到绝望。

一般对国家十分不利的并不是在战役中所遭到的实际损失（这就是说损失了几千个人），而是想象中的损失和士气的沮丧，这种士气的沮丧使国家失去了甚至是命运留给它的那些力量。

有这样一些事情，所有的人所以都谈论这些事情，就是因为过去有人谈过它们。人们都认为汉尼拔在坎奈之役以后不包围罗马是他的一个错误。诚然，在开头的时候，城里的人们是恐慌万状的；但一个好战的民族的沮丧几乎总是会转变成为勇气的，因而这种沮丧同只感到自己弱点的劣等贱民的那种沮丧是不一样的。有一件事情可以证明即使汉尼拔围攻罗马也不会成功，这就是：罗马人这时还有力量向各处输送援军。

人们还说，汉尼拔把自己的军队率领到卡普阿去，而这支军队就在那里变得疲弱不振，这是汉尼拔的一个大错。但是他们却根本没有想到他们并没有找到根本的原因。在这样多次的胜利之后而富裕起来的这支军队的士兵，他们岂不是到处都能找到像卡普阿这样的地方吗？率领着自己臣民的亚历山大[①]在同样的情况下却使用了一个率领着雇佣军的汉尼拔所无法采用的办法：他下令烧掉他的士兵的辎重，这样就把他的士兵的以及他自己的财产搞个一干二净。人们还告诉我们说，库力汗在征服了印度人之后，留给他的每个士兵的钱只有一百卢比。

正是汉尼拔的胜利本身开始改变了这一次战争的命运。他不是迦太基的长官们派到意大利来的；他得到的支援太少了，这或者是由于一派的嫉妒，或者是由于另一派的过分的信任。只要是他和他的军队留在一起，他就能击败罗马人，但是当他不得不把卫戍部队留在各个城市的时候，当他要保卫他的同盟者的时候，当他要围攻要塞或者当他使自己的要塞不受罗马人围攻的时候，他的兵力就太少了；而他的一部分军队就是这样零敲碎打地消耗掉的。历次出征之所以容易取胜，是因为在出征时都是全力以赴的；出征成果之所以难于保持，是因为要保持它们时只能使用自己一部分的兵力。

① 马其顿的亚历山大(纪元前356—前323年)，马其顿的国王，杰出的统帅和政治家，以军事远征闻名。由于军事远征，马其顿这样一个小国竟拥有极为广大的领土。他征服了希腊，占领了波斯王国和埃及。亚历山大的军队在中亚细亚占领了巴克妥利亚和索格底安纳。他还打算出征西部印度。在马其顿的亚历山大死后不久，他的国家便分裂了。马其顿的亚历山大的出征对于商业的发展具有重大的意义。

第五章　论迦太基失败后希腊、马其顿、叙利亚和埃及的情况

我以为汉尼拔讲的机警话十分少，而那种有利于法比乌司和玛尔开路司，而不利于他自己的机警话尤其少。我遗憾地看到，李维给古代的那些巨人添花添彩：而我所希望看到的，毋宁说是他应该像荷马那样，不是给他们涂脂抹粉，而是深知怎样使他们行动。

无论如何应当使汉尼拔所说过的那些话是理智的。如果在听到他的弟弟失败的消息时，他竟会承认他因而预见到迦太基的毁灭的话，那我就不知道什么更合适的东西足以使信赖他的各民族对他感到绝望，使指望在战后取得巨大奖赏的一支军队更加灰心丧气的了。

由于迦太基人在西班牙、在西西里、在萨地尼亚没有一次战争不是失利的，而敌人却在不断加强起来，因此汉尼拔不得不转入防御的战争。这一点使罗马人想到要把战争转到非洲去；于是斯奇比奥就在那里登陆了。他在那里取得的胜利使迦太基人不得不把汉尼拔从意大利召回来，而汉尼拔在被迫把他多次征服的土地让给罗马人的时候，他痛心得哭起来了。

为了拯救自己的祖国，汉尼拔做了一位伟大的政治家和伟大的统帅所能做的一切；由于不能使斯奇比奥和他缔结和约，他就进行了一次战争；在这次战争中，命运好像故意跟他的才能、他的经验和他的清醒的理智过不去似的。

迦太基不是从敌人而是从主人那里接受了和约的；它不得不

在五十年当中付出一万塔兰特的赔款，交出人质，交出自己的船只和象，并且非得到罗马人的允许不得对任何人作战；而为了永远使迦太基感到屈辱，罗马加强了迦太基的宿敌玛西尼撒的力量。

在迦太基失势之后，罗马几乎只不过进行小规模的战争了，但是它取得的胜利却是巨大的；恰恰相反，先前它进行了大规模的战争，所取得的胜利却是很小的。

在那时，仿佛存在着两个各不相关的世界：在一个世界里是迦太基人和罗马人作战；在另一个世界里则是亚历山大死后一直未停的混乱：那里的人根本没有想到西方发生的什么事情；因为，虽然马其顿的国王菲利普和汉尼拔缔结了条约，但是这个条约几乎不起任何作用；对迦太基人只提供了很少援助的这个国王，对罗马人只不过表示了一种无用的恶意。

当人们看到两个伟大的民族相互间进行长期的和顽强的战争时，那个只想在旁边作一个安静的旁观者的人常常是一个很不高明的政治家；因为在两大民族中间，胜利的一方会立刻再发动新的战争，而一个全国皆兵的国家又会和只有公民的那些民族开战的。

在当时，这样的一点表现得十分清楚；由于罗马人刚刚制服了迦太基人，他们便进而向一些新的民族进攻，这样，他们便出现于各个地方以便把它们一一占有。

在东方能够和罗马人相抗衡的国家只有四个：希腊、马其顿王国、叙利亚和埃及。我们应该先来看一下头两个国家的情况如何，因为罗马最初征服的正是这两个国家。

在希腊，当时有三个大民族：埃托利亚人、阿凯安人和贝奥西亚人；这都是自由城市的联盟，它们都有人民大会，有公推的长官。

埃托利亚人是好战的、勇敢的、鲁莽的、贪欲的，他们说的话、他们起的誓永远是不算数的，最后，他们在陆地上作战，就和海盗在海上打劫的行径一模一样。阿凯安人则经常受到相邻民族或行动乖戾的防御者的烦扰。贝奥西亚人在所有希腊人当中是最迟钝的，他们极少参加公共的事务：他们单单为了一时的善恶之感而行动，却缺乏足够的理智，让演说家能够很容易地就把他们激动起来。而使人感到异乎寻常的却是，他们的共和国竟然保持在一种无政府状态之中。

拉栖代孟人保存了自己的威力，这就是说，保存了使他们拥有莱喀古士的制度的那种好战的精神。帖撒利亚人就某种方式来说，是被马其顿人所奴役了的。伊里利亚的国王们已经被罗马人打得稀烂了。阿卡奈人和阿塔玛尼人则时而被马其顿的军队、时而被埃托利亚的军队所蹂躏。雅典人自己没有兵力，也没有同盟者，他们使世人吃惊的不过是他们对国王的谄媚态度而已；人们到德谟斯提尼斯[①]发过言的那个讲坛上，不过是建议最卑劣和最可耻的法令而已。

而且希腊由于自己的地位、自己的力量，由于它那众多的城市、士兵的数量，还由于它的政治制度、它的风俗习惯、它的法律，而成为一支绝对不能小看的力量；它爱好战争，精通战术：假如它结合成为一体，那它将是无敌的。

希腊曾严重地为第一个菲利普、亚历山大和安提帕特尔的行

① 德谟斯提尼斯(纪元前 384—前 322 年)，杰出的雅典演说家和政治家，他领导了雅典的反马其顿派，他力图保持奴隶民主制和雅典对菲利普二世统治下的马其顿的独立。他大约有四十篇演说保存下来。

动所震撼，但是它并未被征服；而未能决意放弃自己的要求和希望的马其顿国王们却始终拼命想奴役它。

马其顿的四周几乎都是无法穿越的山。那里的民族十分适于作战，他们是勇敢的、服从的、勤劳的、永远不知疲倦的；应当承认他们是从气候取得这些品质的，因为即使在今天，这些地方的居民仍然是土耳其人的帝国的最好的士兵。

希腊是仰仗着某种均势而维持着的：拉栖代孟人一般是埃托利亚人的同盟者，而马其顿人则是阿凯安人的同盟者。但是在罗马人来到之后，这样的全部均势就被破坏了。

既然马其顿的国王们无法维持一支庞大的军队，因此最小的挫败对他们都会产生重大的后果；而且他们很难强大起来，因为他们的计划永远是隐瞒不住的，人们永远是睁大着眼睛望着他们的一举一动的。如果他们在由他们的同盟者发动的战争中取得胜利的话，则同盟者本身就会把这种胜利看成是应当立刻挽回的灾难。

但是马其顿的国王通常都是机警的国王。有一些国家，它们的政策方针从一开始就确定下来而以后也一直不变，不过马其顿王国并不是这一类的国家。他们不断地接受各种军事危险和外交事务方面的教训，不断地牵连到希腊的一切纠纷里去，这样他们就必须争取各城市的领导人物，向各族人民夸耀自己，把利益分开或是结合起来；最后，他们还经常不得不冒着生命的危险。

在菲利普开始统治的时候，由于他的中和稳健而赢得了希腊人的爱戴和信任，但是他突然改变了；正当他由于政策和野心的理由而必须表现得公正的时候，他却变成了一个残酷的暴君。尽管相隔得很远，他却看到了迦太基人和罗马人，因为他们的力量是强大的；他在有利于他的同盟者的情况下结束了战争，并和埃托利亚人取得和解。因此，他想把整个希腊和他自己结合起来以便阻止外国人到希腊来取得立足点，这是十分自然的事情：可是相反的，他却用小规模的侵略激使它反对自己；在涉及自己的存在问题时，他总是喜欢纠缠在琐屑的利益上面，结果他就因为三四次不好的行动，而使全体希腊人痛恨他、憎恶他。

埃托利亚人对他最有反感；而罗马人便利用了埃托利亚人痛恨他的机会，或毋宁说利用了他们的狂热，同他们结成同盟，开入希腊，并把它武装起来反对菲利普。

这个国王在奇诺赛法里一役中被战败了；这次的胜利一部分原因是由于埃托利亚人的勇敢。菲利普惊惶失措到这样的程度，以致他竟然答应缔结这样一项条约，这项条约与其说给他以和平，毋宁说要他放弃自己的兵力：他要把他的卫戍部队从整个希腊撤出，要交出他的船只，还必须在十年当中付出一千塔兰特。

波利比乌斯以他惯常具有的清醒头脑把罗马人的战阵同亚历山大之后一切国王所承受下来的马其顿人的战阵作了比较。他使我们看到了枪兵方阵和军团的优点和缺点；他认为罗马的战阵是比较好的。如果从当时发生的许多事件来判断的话，则波利比乌斯的说法显然是有道理的。

有一种情况大大地促使罗马人在第二次布匿战争中处于危急的地位，这就是，汉尼拔从一开头的时候就把他自己的士兵按照罗马人的方式武装起来；但是希腊人既未改变他们的武器，也未改变他们的作战方法；他们根本没有想到要放弃他们曾用来取得十分巨大的战果的那些习惯。

罗马人在对付菲利普时所取得的成功是他们所进行的全面征服的一切步骤中最大的一个。为了确保希腊，他们用尽一切办法来降低帮助他们取得了胜利的埃托利亚人的地位。而且他们更下命令，要属于菲利普或是其他国王的每一个希腊城市，今后都依照它们自己的法律来治理。

大家可以看得很清楚，这些小共和国不可能是独立的。希腊人心里傻欢喜了一番并相信他们实际上是自由了，因为罗马人已经宣布他们自由了。

想象自己已经成了希腊的主人的埃托利亚人，一旦看到什么事都要听任主子的摆布，就陷于绝望的境地了；既然他们总是欢喜采取极端的决定，于是他们便想用一些狂乱的行径来纠正另一些狂乱的行径，他们把叙利亚的国王安条库斯召到希腊来，就同当初他们把罗马人召来一样。

叙利亚的国王们在亚历山大的继承者当中是最强大的；因为他们拥有大流士的几乎全部领土，只有埃及不算在内；但是却发生了一些事情，这些事情大大地削弱了他们的实力。

奠立了叙利亚帝国的塞琉古在他晚年的时候摧毁了李西玛克的王国。在这种混乱的时期里，许多省里发生了叛乱：形成了培尔伽姆、卡帕多齐亚和比提尼亚等王国。但是这些胆怯的小国家总是认为它们先前的主子所受的屈辱对它们自己来说是一种幸运。

由于叙利亚的国王们总是以极其嫉妒的眼光来看待埃及王国的幸福，因此他们总是考虑到如何征服它的问题。这一点所引起的后果是：既然忽视了东方，他们在那里便失去了许多省份，并使另一些省份对他们也很不服从。

最后，叙利亚的国王们领有上亚细亚和下亚细亚；但是过去的经验使人们看到，在这种情况之下，当首都和主要的兵力是在下亚细亚诸省的时候，那么上亚细亚各省就保不住；而当帝国的重心是在上亚细亚各省的时候，则下亚细亚各省又无法加以固守了。波斯帝国和叙利亚帝国最强大的时期正是帕尔提亚帝国的时期，但帕尔提亚帝国拥有的省份，不过是前两个帝国的省份的一部分。如果居鲁士不去征服吕底亚王国，如果塞琉古留在巴比伦而把沿海各省留给安提冈的继承者们，那么波斯帝国对希腊人来说就是不可战胜的，而塞琉古帝国对罗马人来说也是不可战胜的了。为了控制人类的野心，大自然给各国定出了某种界限。当罗马人越过了这种界限的时候，帕尔提亚人几乎总是能够把他们歼灭掉，而当帕尔提亚人胆敢踏过这个界限时，结果是他们不得不仍然退回；而在今天，当土耳其人超越了这样的界限时，他们也是不得不退回去的。

叙利亚和埃及国王的治下有两类臣民：一类是征服别人的各民族，一类是被征服的各民族。第一类民族还念念不忘他们的出身，因而他们是很难统治的；他们完全没有那种使人们产生摆脱桎梏的愿望的独立精神，但是他们却有一种不能忍耐的情绪，这种情绪会使人们产生改换主人的愿望。

不过叙利亚王国的主要弱点却来自宫廷，因为在那里统治着的是大流士的继承者，而不是亚历山大的继承者。在宫廷里，到处看到的是奢华、虚荣和柔弱，这些坏风气从来也没有离开过亚细亚的宫廷。坏风气也传染到了人民和士兵的身上，甚至传染到了罗马人的身上，因为他们对安条库斯作战时，已是他们腐化堕落的时代了。

当取得了巨大功业的安条库斯发动反对罗马人的战争时，叙利亚王国的情况就是如此。但在行动的时候，他甚至没有人们在处理一般事物时所具有的那种正常的判断力。汉尼拔希望重新发动意大利的战争，因此他的意思是把菲利普争取到自己的方面来，或是使他保守中立。但是安条库斯对这样的事情一件也没有做：他只率领他的一小部分兵力来到希腊；他只是沉湎在享乐之中，仿佛他只想旁观战争，却不想参加战争似的。他被打败之后就逃到了亚细亚，他与其说是被战胜，毋宁说是被吓倒了。

在这一次战争中，被罗马人像洪流那样冲跑的，菲利普竭尽全力为罗马人服务，成了罗马人取得胜利的工具。想对埃托利亚进行报复和蹂躏的迫切愿望，被答应让他减少贡物和给他留几个城市的诺言，他对安条库斯的嫉妒，以及最后若干小的动机，都使他要这样做。既然他不敢有摆脱桎梏的想法，因此他就只能设法不使这种桎梏过于无法忍受罢了。

安条库斯对局势竟然作出了这样不明智的判断，他以为罗马人会使他在亚细亚平安无事。但是罗马人还是跟踪而来了：他再一次被打败，并且惶恐万状地同意缔结一项最为可耻的条约，这是任何一个伟大的国王都未曾干过的事情。

我从来不知道有任何事物比在今天统治着的国王所作的决定更有气度了，原来他宁可把自己埋葬在他自己宝座的碎片之下，也不愿意接受有失一位国王的尊严的建议：他的自尊心太强了，因此他不能处于比不幸给予他的遭遇更加不堪的地位；而且他知道得十分清楚，勇气可以巩固王冠的地位，但可耻的行动却根本做不到这一点。

能够作战的国王，这样的人物是常见的。然而知道如何进行战争，既善于利用命运又善于等待命运，具有在作战前反复地考虑，但在一旦开战之后便能毫无畏惧这种识见的国王，那就十分稀少了。

在安条库斯失势以后，剩下的就只有小国了，但这里并没有把埃及计算在内，而埃及由于本身的地位，本身土壤的肥沃，本身的商业、居民人数，本身海上和陆上的兵力，却仍然会是一种可怕的力量。但是埃及国王的残酷，他们的胆怯，他们的贪欲，他们的低能，他们那种骇人听闻的纵欲行为，使他们受到自己的臣民的深恶痛绝，以致在大部分的时期中，如果不是有罗马人给他们撑腰，他们早就垮台了。

从某种意义来说，这乃是关于埃及王位的一项基本法律，即姊妹和兄弟可以同样地继承王位，而为了维持统治时的统一，兄弟一般是可以同姊妹结婚的。因此在政治方面，很难想象有什么比这样的王位继承制度更加危险的事物了：因为任何家庭小纠纷都会变成全国范围的骚动，二者中间一方稍感不满，立刻会发动起亚历山大里亚的居民来反对另一方，人数众多的贱民总是准备着归附想首先闹事的那一个国王的。此外，奇列涅和塞浦路斯王国通常是在这一王朝的、对一切具有同样权利的其他国王的手里，结果就几乎总是有正在统治着的国王和企图取得王位的人，因此这些在位国王的地位就总是不稳固的，而且他们在国内的地位既然不稳固，在对外方面自然也不会有力量了。

埃及国王的实力，和亚细亚其他国王的实力一样，在于他们的希腊的辅助军队。希腊人是具有爱自由、爱荣誉、爱光荣的精神的，在这种精神之外，他们还不断从事各种各样的体育运动：他们在他们的主要城市里举行比赛，比赛的优胜者当着全希腊的面接受花冠；因此这便引起了普遍的竞争。不过既然在那个时代人们是用武器作战，而成功有赖于使用武器的人们的气力和技艺，因而人们便不能怀疑，受过这样的训练的人们比起那不分青红皂白地集合起来并不加选择地被率领去参加战争的蛮族大群来具有巨大的优点，大流士的军队正是这种蛮族大群的一个好例子。

罗马人为了剥夺国王们的这样的军队，从而不声不响地取消他们的主要力量，结果做了这样两件事情：首先，他们一点一点地在希腊城市中制订这样一个惯例，即不经罗马人的同意，希腊人不得缔结任何联盟，不得援助任何人或对任何人开战。其次，在罗马人和国王们缔结的条约中，罗马人禁止国王们在罗马人的同盟者中间征兵。这一点便使他们只能保有本民族的军队了。

第六章　论罗马人用以征服一切民族的行动

在一切都十分顺利的时候，人们一般容易粗心大意，但元老院却永远是踏踏实实地处理事务的；当军队打败了一切敌人的时候，它便使那些已被击溃的敌人俯首听命。

它还是审判一切民族的法庭：在每一次战争结束时，它便确定每个民族应受到的惩罚或是奖赏。它从被征服民族的领土上拿走一部分土地用以分配给它的同盟者；结果它就做到了两件事情：它使对它没有什么危险但能给它不少好处的那些国王依附于罗马，同时它还使对它没有任何好处但是又十分可怕的那些国王的力量削弱下去。

人们利用同盟者，是为了对敌人作战的；然而，很快地破坏者也要被击溃。菲利普是借着埃托利亚人的帮助而被征服的，但埃托利亚人由于和安条库斯联合而自己不久也被歼灭了。安条库斯又是由于罗德斯人的援助而被战胜的，但是，在他们取得十分丰厚的报酬之后，却在他们要求和佩尔赛缔结和约的借口之下，永久地被消灭了。

当罗马人身旁有许多敌人的时候，他们就和那比较软弱的敌人缔结一项停战协定，而这个敌人也就因为自己能够缔结这样一项协定而感到庆幸，它指望这样可以延缓一下自己被毁灭的命运。

当他们在进行一场大规模的战争的时候，元老院便把各种侮辱都承受下来，一声不响地等待着报复时刻的到来；如果某个民族把罪犯交给它，它却不惩罚他们，而宁愿宣布整个民族都是有罪的，这样便能给自己保留一种有利的报复。

当他们使他们的敌人遭到极大灾难的时候，也绝不会组成反对他们的联盟，因为离开危险最远的人，是不愿意挨近危险的。

因而别人很少向他们宣战，但是他们却总是在最适当的时候，以最适当的方式，对他们最有利于进攻的那个民族宣战。在他们所进攻的许多民族中，为了求得同他们相安无事，很少不遭受他们的各种各样的侮辱。

他们永远是习惯于以主人的口吻讲话的，因而他们派到还完全不晓得他们的威力的那些民族那里去的使者肯定会受到不好的款待:这一点就成了他们发动一次新战争的可靠的借口。

既然他们从没有真心诚意地缔结过和约,而是想侵占一切,因而老实说,他们的条约不过是战争的暂时的中止而已,他们总是把会使接受这些条约的国家陷于毁灭的各项条件加到条约里面去。他们迫使卫戍部队撤出要塞,或是限制陆军的人数,或是要对方献纳马匹或象。而如果这个民族是个海上的强国,他们就强迫它烧掉自己的船只,有时甚至强迫它离开海岸,到更加深入内地的地区去居住。

在消灭了一个国王的军队之后,他们便用极为苛酷的税收或一种贡物来搞垮他的财政,借口是要他支付战费:这是一种新的暴政,这种暴政使他不得不去迫害自己的臣民,从而失去了臣民对自己的爱戴。

当他们和某一国王缔结和约的时候,他们便从这个国王的兄弟或是儿子当中要一个人作为人质:这便使他们可以为所欲为地在他的国家内制造骚乱。既然在他们手中有了最亲近的王位继承人,那他们便可以恐吓王位上的人;如果在他们手中的不过是国王的一个远亲,那他们便利用这个人在各民族中间制造骚乱。

当某一个国王或某一个民族拒绝服从自己的主人的时候,他们便立刻给他以罗马人民的同盟者的头衔;这样他们就使他成为神圣不可侵犯的了:结果就没有一个国王,不拘他是多么伟大的人物,能够一时一刻对他自己的臣民,甚至对他自己的家人放心了。

尽管罗马人的同盟者这个头衔是一种奴役,但人们对这个头衔仍旧是十分向往的;因为这样人们就可以确信,他们今后只受罗马人的侮辱了,而且他们也就有理由指望这种侮辱不会是很严厉的。因此，各民族和国王便不惜提供各种服务，不惜做出各种低三下四的事情，以便取得这一头衔。

罗马人有各种各样的同盟者。对于一些同盟者，他们是用给予特权和分享胜利成果的办法加以维系的，如拉丁人和埃尔尼克人等便是这样的同盟者；另外一些，例如他们的各殖民地，它们从建立时起就具有同盟者的身份；还有一些是由于帮了罗马人的忙而成了罗马人的同盟者的，如玛西尼撒、优美涅司和阿塔路斯便是这样的同盟者，这些人从罗马人那里得到了自己的国家或因罗马人而大大伸张了自己的势力；再有一些是由于自愿缔结的条约而成为罗马的同盟者的，不过当这种条约缔结得日子久了以后，这些同盟者就逐渐成了罗马的臣民，例如埃及、比提尼亚、卡帕多齐亚的国王和大多数的希腊城市便是这样的同盟者；最后，许多是由于罗马人强加的条约，由于必须屈从于罗马人的权力之下而成为罗马的同盟者，例如菲利普和安条库斯便是这样的同盟者：因为他们从来不和不同意成为他们的同盟者的敌人缔结和约，而这就等于说，他们所征服的每一个民族都要被他们利用来制服另外的一些民族的。

当他们把自由给予某些城市的时候，他们很快地就在那里制造两个派别：一派维护本地法律和自由，另一派则承认只有罗马人的意志才是他们的法律。既然后面的一派总是比对方要强得多，因此我们就可以清楚地看到，这种自由不过是一个虚名罢了。

有时他们在继承的借口之下成为一个地方的主人：他们依照阿塔路斯、尼科美德和阿庇昂的遗嘱进入了亚细亚、比提尼亚、利比亚；而埃及则是根据奇列涅国王的遗嘱而被制服的。

为了使那些大君主永远无法强大起来，罗马人不愿意使他们和那些已和罗马结盟的国家结成联盟。由于他们从不拒绝和强大国王的任何一个邻国结成同盟，结果和约中的这一条款便使他失去了一切同盟者。

此外，当他们征服了某一个大国国王的时候，他们就在条约中载明，在他和罗马的同盟者（通常就是指他的全部邻人）发生争端时，不得诉诸战争而是要请求罗马的仲裁：这就使他在今后再也不能使用军事力量。

而且，为了自己保存宣战的全权，他们剥夺了甚至是他们的同盟者的这一项权利：只要同盟者一发生什么纠纷，他们就派使节去迫使他们缔结和约。我们只要看一看他们如何中止阿塔路斯和普鲁西亚司之间的战争就可以明白了。

当某一个国王取得一次常常是耗尽了本身力量的胜利的时候，罗马的使节就立刻出现在他那里，把胜利从他的手里夺走。在成千的例子当中，我们可以回想一下，罗马人怎样一句话就把安条库斯从埃及赶走了[①]。

罗马人既然知道欧洲各族人民是何等适于战争，他们便通过一项法律，根据这项法律，亚细亚的国王谁都不许进入欧洲和征服那里的随便哪一个民族。他们对米特利达特宣战所提出的主要理由，就是他破坏了这个禁例，他征服了欧洲的几个蛮族。

如果罗马人看到两个民族相互作战，而他们和其中任何一方

① 孟德斯鸠这里指的是罗马总督波庇留的事情。波庇留在安条库斯的四周画了一个圈，对他说："在走出这个圈之前，要回答我可以传达给元老院的话。"安条库斯在稍稍犹豫之后就回答说："我执行元老院所要求的一切。"

都不是同盟者，同时和其中任何一方也没有纠葛的时候，他们仍然不放过出场的机会；同我们今天那些流浪的骑士一样，他们总是参加到较弱的一方面去。哈里卡尔拿苏斯的狄奥尼西乌斯说，这是罗马人的一个古老的习惯：永远帮助那请求帮助的人。

马人的这些习惯绝不是偶一为之的个别行动。这永远是他们经常不变的原则；这一点是很容易看到的：因为他们对最大的国家所使用的规则正是在罗马建国初期他们对他们周围的那些小城市所使用的规则。

他们利用优美涅司和玛西尼撒征服菲利普和安条库斯，正同当年他们利用拉丁人和埃尔尼克人征服沃尔斯克人和托斯卡尼人一样；他们要迦太基和亚细亚的国王们交出海军，也正同他们要安求姆交出平底船一样；他们取消了马其顿四个部分之间的政治上的和公民的各种联系，也正同他们当初破坏了拉丁小城市的联盟一样。

然而特别应当指出，他们一贯使用的规则是分散各民族的力量。阿凯安共和国是由自由城市的联盟构成的；但元老院却宣布说，今后每一个城市都要依照自己的法律来治理，不必依赖一个共同的政权。

贝奥西亚人的共和国同样是许多城市的一个联盟；但是，既然在反对佩尔赛的战争当中，联盟中一些城市支持佩尔赛，而另一些城市支持罗马人，后者于是得到了罗马人的优遇，这样就使这个共同的联盟解体了。

如果在今天统治着的一位伟大的国王在他看到邻国的一个国王被赶下王位时而奉行这些规则的话，那他就要用自己的全力来支持这个国王，并且把他的政权局限在仍旧对他忠诚的那个岛上面；在分散唯一会抵制他的计划的国家的力量时，他会从甚至是自己同盟者的不幸中取得巨大的利益[①]。

当某一个国家里发生了某种争论时，他们立刻就来进行审判；结果，他们便确信，只有被他们宣告有罪的一方面才会起来反对他们。如果争夺王位的人们是属于血统相同的国王，他们便往往宣布两个人都是国王，如果其中的一个人年纪较轻的话，他们在解决问题时便偏袒这个年纪较轻的人，并以全世界的保卫者的身份担任他的监护人。他们已经把事情弄到这样的地步，即各民族和国王们甚至不确实知道到底根据什么法律他们会成为罗马人的臣民。原来罗马人自己竟认为，只要他们一听到人们谈到罗马人，那就足以使他们成为罗马人治下的臣民了。

在他们出发作战的时候，他们一定要事先保证在他们进攻的敌人近旁取得某一个同盟者，为的是从这个同盟者那里可以得到支援的队伍；而且，既然罗马的军队从来就不是人数众多的，因而他们总是注意到在离敌人最近的行省里，配置第二支罗马军队。第三支军队则配置在罗马，这支军队随时都准备着出征。这样看来，他们不过是把他们军队的很小一部分派出来，可是他们的敌人却把他们的全部军队都拿出来碰运气。

有时他们滥用他们语言中名词意义上的细微区别。他们毁掉了迦太基，说他们曾答应保存的只是国家，而不是城市。大家还知

① 孟德斯鸠这里指的是路易十五和英国国王詹姆士二世的关系，后者在 1688 年的革命中被废。

道，相信罗马人的忠诚的埃托利亚人是如何受了骗的：罗马人认为，相信一个敌人的忠诚，这话的意思就是使自己丧失各种各样的物品、人物、土地、城市、庙宇，甚至坟墓。

他们甚至能够对一个条约作出任意的解释：这样一来，当他们要低贬罗德斯人的时候，他们就说，过去他们把吕奇亚给罗德斯人的时候，不是作为一种礼物，而是作为罗马人的朋友和同盟者的。

当罗马人的一位将领为了拯救他那势必覆灭的军队而缔结和约的时候，根本不会批准和约的元老院就会用这一和约来找便宜并把战争继续下去。例如说，当优古儿塔包围了一支罗马军队，但是在同罗马人缔结条约的保证之下把他们放走的时候，罗马人偏偏用优古儿塔放走的那些军队来对抗他。而当努曼齐亚人迫使快要饿死的两万罗马人请求缔结和约的时候，这个救了这样多罗马公民生命的和约却在罗马被撕毁了，而且他们为了逃避舆论的指责，竟把签订和约的执政官交给了努曼齐亚人。

有时他们是在公正的条件下同一个国王缔结和约的；可是当履行这些条件时，他们就把会迫使对方重新发动战争的这样一些条件加上去。例如说，当他们要优古儿塔向他们交出他的象、他的马、他的宝库，交出投降到他那一面去的人们时，他们就要求他把自己也交出来。这对一个国王来说是一件最大的不幸，因而它是绝不能成为缔结和约的一个条件的。

最后，罗马人还由于国王们的个人的错误和罪过而审判他们。他们听取了所有和菲利普有某些纠葛的人们的诉苦；他们把使节派出去以保障菲利普的反对者的安全；他们要佩尔赛向他们控诉说，菲利普杀死过同罗马缔盟的城市的某些公民，又同它们的某些公民发生过争端。

既然人们在判断一位将领的荣誉时，要看他在凯旋时带回金银的数量，因此被征服的敌人便会被搞得一干二净。罗马总是会弄到大批的钱，因此每一次战争都使它能够发动另一次战争。

和罗马友好或是同盟的各民族，为了取悦于罗马人或是取得罗马人的更大的欢心而把巨量的礼物送给罗马人，但这种做法却使他们自己破产了。为了这个目的而送给罗马人的钱，只要其中的一半就足以把他们打败。

作为世界的主人，他们把它的全部财富收归自己的手里：在他们进行比较公正的掠夺时，与其说是作为立法者，毋宁说是作为征服者。他们知道塞浦路斯的国王托勒密拥有巨量的财富，因此他们便在一位保民官的建议下通过一项法律，根据这项法律，他们可以从一个还活着的人那里取得遗产，这样就没收了和他们结成同盟的一个国王的财产。

从国家的贪婪的手中漏出来的一切，很快地就落入了私欲无穷的个人的腰包。长官和统治者在和国王们打交道时贪赃枉法。争执的双方都自寻毁灭地拼命花钱贿买那永远是令人怀疑的关照，以便战胜尚未把自己最后耗尽的对方；因为在这里甚至连强盗中间的那种公道都没有，而甚至强盗在犯罪的时候也不是完全不留情面的。最后，国王们不用金钱就无法保持合法的或是非法夺取来的权利，而为了保持这种权利，他们就掠夺庙宇，没收最有钱的公民的财产：为了把全世界的财产交给罗马人，人们犯了无数的罪恶。

但是使罗马受益最大的，莫过于罗马使世界各国对它产生的尊敬了。很快地它就使国王们沉默下去，好像使他们失去了知觉。现在的问题已不在于他们的权力有多么大；老实说，连他们本身都已受到了侵害。敢于发动战争，这就等于说要冒着被俘、丧失生命或是在凯旋时受辱的危险。因此过着奢华而又安逸的生活的国王们便不敢正眼来看罗马人民；他们既然丧失了勇气，便只能指望仰仗他们的耐心和他们的低声下气来稍稍延缓逼临到他们头上的灾难。

我请你注意一下罗马人的行动。在安条库斯战败之后，几乎自己没有占领城市，他们便成了非洲、亚细亚和希腊的主人。仿佛他们进行征服，只是为了给予；但他们仍然是不折不扣的主人，以致当他们对某一个国王宣战的时候，他们竟可以说是把全世界的力量都压到对方的身上了。

夺占所有被征服的土地还不是时候。如果他们自己保有从菲利普手中夺过来的城市，那就会引起希腊人的密切注意；如果在第二次布匿战争或反安条库斯的战争之后，他们夺取非洲或是亚细亚的土地的话，那他们就不能保有尚未最后确定下来的胜利果实了。

在像指挥臣民那样地指挥各民族之前，还应当等待一下，即必须等到他们以自由人或同盟者的身份习惯于服从的时候，等到他们一点一点地融化在罗马共和国的时候。

看一看在列吉拉湖之役的胜利以后，他们和拉丁人缔结的条约吧：它是罗马人的威力的主要基础之一。在那里人们找不到一个词会使人怀疑他们有取得统治权的野心。

这乃是一种逐步进行的征服。在征服某一个民族的时候,他们把这个民族削弱就满足了。他们向它提出了这样一些会不知不觉地把它削弱下去的条件。如果它重新振作起来,他们就更进一步地低贬它;这个民族成了罗马的臣民,可是它自己也说不出到底它是在什么时候落到这种从属地位的。

因此,老实说,罗马既不是一个王国,也不是一个共和国,而是由世界各民族组成的躯体的脑袋。

如果西班牙人在征服墨西哥和秘鲁之后施行同样计划的话,他们就不至于为保存一切而必须毁掉一切了。

如果征服者想把自己的法律和风俗习惯强加于一切民族,这是一件愚蠢的事情。这样做一点好处都没有;因为在各种形式的统治之下,人们都是能够服从的。

但是罗马并不强行规定任何共同的法律,因此各民族之间便根本不会有任何危险的联系了。他们只有在共同服从的条件下才能组成一个整体;他们虽不是同国人,却都是罗马人。

也许有人会反驳说,建立在封建法律之上的罗马帝国从来也不是巩固的,从来也不是强大的。然而世界上却再也没有比罗马人的制度和蛮族的制度更加矛盾的东西了;一句话,可以说前者是实力的结果,后者则是软弱的结果;在一种情况下是极度的从属,在另一种情况下,则又是极度的独立。在日耳曼诸民族所征服的各国里,权力是掌握在家臣的手里,只有法律是掌握在国王的手里:但在罗马人那里,情况完全相反。

第七章　米特利达特为什么能抵抗罗马人

在罗马人所进攻的一切国王当中，只有米特利达特进行了英勇的反抗，并使罗马人陷于危险的境地。

他的国家所处的地位是十分适合于对罗马人作战的。他的国家邻接高加索的不易进攻的地区，在那个地区里到处都是他可以利用的好勇斗狠的民族。从这里他的领土又向南伸入黑海：米特利达特的大量船只就在黑海上游弋。他还继续不断地从西徐亚人那里收买新军队；他随时可以进攻亚细亚；他是富有的，因为他在黑海沿岸地带的那些城市对工业较不发达的民族进行着有利的贸易。

这时开始实施的放逐的习惯使许多罗马人不得不离开自己的祖国。米特利达特十分热情地接待了他们；他组织了军团，并使罗马人参加这些军团，成为他的最好的军队。

从另一方面来说，为国内纠纷所困扰的罗马，又忙于应付更加迫切的不幸事件，因此它不能把亚细亚的事件放在重要地位，一任米特利达特接二连三地取得胜利，或是在失败之后再恢复过来。

使大部分国王遭到毁灭命运的，莫过于他们所表示的想缔结和约这种明显愿望了。因此，他们就使所有其他民族不想和他们一同共危险，而这种危险又正是他们自己所渴望能够避免的。然而，米特利达特从一开头便要全世界的人们看到，他是罗马人的敌人，今后也永远是罗马人的敌人。

最后，希腊和亚细亚的城市看到罗马人加到他们身上的枷锁一天比一天沉重，于是便把期望寄托在号召他们争取自由的这位蛮族国王的身上了。

这种情况引起了三次大规模的战争：这三次大规模的战争形成了罗马历史上精彩的篇幅；因为人们在这里看到的并不是为享乐和傲慢所制服的国王如安条库斯和提格拉涅斯，或是为畏惧所制服的国王如菲利普、佩尔赛和优古儿塔，而是一位豁达大度的国王。这个国王在他处于逆境的时候，行动却和狮子一样：他看到了自己的伤口，只会使他比先前更加激怒。

他们的战争是很特别的，因为在战争的进程中不断发生变故，而且又总是预想不到的变故；原来，如果说米特利达特能够容易地补偿所损失的军队的话，却也发生这样的情况，这便是在不利的情况下，也就是人们最需要服从和纪律的时候，他的蛮族军队却叛离了他。如果说他有办法唤起各民族，并有办法在各城市中引起骚动的话，他自己却又饱尝他的将领、他的妻子孩儿对他的背信行为的痛苦。最后，如果说他所对付的都是罗马的那些无能的将领的话，那么在不同的时期，罗马人却也把苏拉、路库鲁司和庞培派去和他对抗的。

在击败罗马的将领并征服了亚细亚、马其顿和希腊以后，这个国王却败在苏拉的手下，而根据和苏拉缔结的条约，他只好退回到自己原来的领土上面去。在他对罗马将领苦战时，他再一次战胜了他们，征服了亚细亚。可是在他给路库鲁司所逐并一直被追到本国的时候，他就不得不躲到提格拉涅斯那里去了。看到自己在失败之后已没有任何办法而且能够指望的只有他自己时，他就回到自己的国里去重整旗鼓。

继路库鲁司之后来了庞培，米特利达特又败在他手里了：他逃离了自己的国家，而在穿过阿拉克斯之后，就九死一生地在拉吉人的土地上行进了；在途中他从蛮族方面集结了军队之后，出现在博斯波鲁斯他那同罗马人缔结了和约的儿子玛卡列司的面前。

处于绝望深渊的米特利达特拟订了一个计划：把战争转移到意大利去，并且和几世纪之后才征服了罗马人的同样的那些蛮族一道，沿着后来那些蛮族所走的同样的道路进军罗马。

米特利达特被他的另一个儿子法尔那克和军队所出卖而悲壮地死去了。他的计划的宏大规模和他在执行这些计划时会遭到的种种危险把军队吓倒了。

由于迅速取得的胜利，在庞培手里就完成了罗马这一伟大而壮丽的工程。他把广阔无垠的土地收入自己帝国的疆域：但这与其说增强了罗马的实际力量，毋宁说是给罗马帝国添上了一层庄严的气象。而且，尽管在他凯旋时的牌子上写着说，他给国库增加了三分之一以上的收入，但国家的实力并未增强，而人民的自由也受到了空前的威胁。

第八章　在城里经常存在的倾轧

正是在罗马征服全世界的时候，在它自己的城里却发生了一场隐蔽的战争：这就同火山的火焰一样，每当什么物质能够加强它的沸腾程度时，它立刻就会爆发出来。

在国王被驱逐以后，统治权便落到贵族手里了：贵族家族包办了一切高官显职，因而也就包办了一切军事方面的和民政方面的荣誉。

为了不让国王回来，贵族就设法扩大人民中间的激动情绪；但是他们所做的比他们自己所期望的不免过火了。贵族既然要他们憎恨国王，就使他们对自由产生了无限的期望。在国王的政权完全转到执政官的手里去以后，人民就感到他们并没有得到人们要他们深深热爱的自由；因此他们就设法削弱执政官的权力，设法设置平民的高级官吏职位，并且要同贵族一起取得能够坐圈椅的高级官吏的资格。贵族不得不满足他们的一切要求，因为在贫穷被认为是公众的美德，而作为取得政权的秘密手段的财富受到蔑视的城市里，出身和显贵并不能给人们很大的好处。权力应该归于大多数的人民，贵族的国家就一点一点地变成了民主的国家。

服从一个国王的人们比起生活在世袭的贵族制度下的人们来，他们所受到的嫉妒的痛苦要少些。国王离开自己的臣民很远，以致他们几乎看不到他；他是这样有力地君临在他们之上，以致他们竟然不能想象在他们之间会产生什么不愉快的关系；但是占统治地位的贵族却是大家都能看到的；他们并不是这样高高地在其他公民的上面，因此公民们便总是能够做出不愉快的比较。因此在过去任何时候以及在现在，人民总是憎恨元老的。在出身并不提供参加政府的任何权利的共和国，在这方面是最幸运的，因为人民可以不怎样嫉妒他们给予他们所选择的那个人，并且可以任意取回政权。

对贵族感到不满的人民跑到圣山上去：安慰他们的使节被派到他们那里去；但是由于所有的人都保证当贵族不履行答应给他们的诺言的时候，必须相互帮助（这一点永远会引起骚动，并且会阻止高级官吏执行自己的全部正当职权），因此人们认为最好是创设一个高级官吏职位，以便防止对平民做出不公道的事情。但是由于人类的一个由来已久的缺点，取得保民官职位以便自卫的平民却被他们利用来进攻；他们一点一点地取消了贵族的全部特权。这就引起了接连不断的纠纷。保民官支持，或毋宁说鼓动人民，元老院则袒护贵族，因为元老院几乎全部是由贵族组成的，它比较倾向于遵守古老的规则，并且害怕贱民会把某一个保民官变成暴君。

人民利用了他们自己的力量：他们在选举中的优势，他们拒绝参加战争的行动，他们的离开的威胁，他们单独作出决定的权利，最后，他们对于过分顽强地反抗他们的人们的弹劾。元老院用它自己的智慧、它的公正和它激起的对祖国的爱，用它的善行和共和国的财富的一种合理的分配，用人民对于主要家族的光荣和伟大人物的美德的尊敬，甚至用宗教，用古老的制度，用在预兆不吉利的借口下废除集会的日子，用门客，用一个保民官来对抗另一个保民官的办法，用任命独裁官，用进行新战争或把所有人的利益结合到一起的不幸事件，来进行自卫。最后，元老院用来进行自卫的手段还有：它向人民表示出一种父亲般的谦逊以满足人民所提出的一部分要求，为的是使他们放弃其他的一些要求，它还使用这样一个常用的规则，那就是不拘任何阶层或是任何高级官职的特权都不如保存共和国这件事重要。

后来，也就是当平民把贵族贬低到这样的程度，以致家族的这种区别已变得毫无意义，而且二者都没有区别地可以取得荣誉的时候，新的纷争又发生了；纷争的一方是普通的人民，他们是受着他们自己的保民官的鼓励的；另一方是贵族和平民的主要家族，即人们现在所说的新贵：站在他们一方的是元老院，而元老院便是由

他们组成的。但是，既然古昔的朴素风气不复存在，个人拥有了巨大的财富，而这样巨大的财富又不可能不产生权力，因此新贵就势必进行远比先前的贵族更加猛烈的反抗：这也就是格拉古兄弟和力图实现他们的计划的许多人致死的原因。

现在我应当再来谈一谈那大大地有助于加强罗马政府的力量的一个高级官吏职位：这就是监察官的职位。监察官主持人口调查；此外，既然共和国的力量在于纪律，在于风尚的严峻和经常不断地遵守某些习惯，他们的职责便是矫正法律所不曾防止的弊端，或是过问其他官吏所不能惩处的罪行。有一些比犯罪还要坏的例子：因破坏风尚而毁灭的国家多于因破坏法律而毁灭的国家。在罗马，任何会输入危险的新鲜事物的行动都要受到监察官的制裁，因为这些新鲜事物会改变公民的情绪或精神，并损害罗马的永久性，如果我可以使用这个名词的话。监察官也可以调处家庭的或公共的纷争：他们可以看情况把任何人赶出元老院，可以取消一个骑士所乘用的、由公家负担费用的马匹，可以把一个公民转入另一个特里布，甚至可以使他变成向城市纳税但是没有其他公民享有的特权的那一类人。

李维甚至指责了人民；在三十五个特里布中，他把三十四个特里布都放到根本不享有城市公民特权的那一类里去。他说："因为在你们判了我的罪之后，你们又要我担任执政官和监察官。因此，你们一定是做了一次违法渎职的事，因为你们处罚了我；或者是做了两次违法渎职的事，因为你们又使我担任执政官，而后是监察官的职务。"

人民的保民官杜洛纽司被监察官逐出元老院，是因为他在任的时候，他废止了限制宴会方面的开支的那项法律。

这是一个十分贤明的制度。他们不能撤销任何人的高级官吏职位，因为这样一来就会妨害国家权力的正常行使；但是他们能够贬低人们的称号和等级，因此可以说，他们能够剥夺一个公民的个人的显贵地位。

塞尔维乌斯·图留斯依照百人团来区分公民的办法是著名的，李维和狄奥尼西乌斯把这件事对我们作了很好的解释。他们把一百九十三个百人团分成六个阶级，并把全部普通人民编入最后一个百人团，使他们单独组成第六个阶级。我们看到，这样的分法不是从法律上而是在事实上剥夺了普通人民的选举权。后来人们又规定，除去在某些个别情况以外，选举是要按照特里布的划分来进行的。有三十五个特里布，它们的每个特里布都有一票，在它们当中城市的特里布有四个，乡村的特里布有三十一个。主要的公民都是农民，他们自然是属于农村特里布的了；普通人民则只能参加城市特里布，他们对国事的影响极小：正是这一点被视为拯救了共和国。而当法比乌司把普通人民列入城市的四个特里布(阿庇乌斯·格老狄乌斯却把他们分配到一切特里布中去)的时候，他便因而获得了“最伟大的”这样一个称号。监察官每五年都要检查一下共和国当时的实际情况，这样就把人民分配到不同的特里布里面去，以便使保民官和野心家不能操纵选举，使甚至人民自己也不能滥用自己的权力。

罗马的政府是十分完善的，因为自从它产生以来，它的制度就足以使或是人民的精神，或是元老院的力量，或是某些高级官吏的威望永远能够制裁任何滥用权力的事件。

迦太基亡国的原因是：正是应该消除滥用职权的行为的时候，它竟不容忍甚至是汉尼拔这样做。雅典的垮台是因为，他们的过失在他们自己看来是这样地无关重要，以致他们竟不想纠正这些错误。在我们今天，意大利的以本国政府的稳定持久而感到骄傲的那些共和国，它们所能骄傲的，不过是世世代代中间无穷无尽的贪赃枉法行为而已；因此，比起在十人执政官时期的罗马来，它们的自由并不更加多一些。

英国的政府所以比较高明，是因为有一个机构经常不断地检查政府和检查它本身。结果它的错误便绝不会是持久的，而由于这些错误引起了全国的注意，它们又常常是有用的。

一句话，一个自由的政府，也就是说经常动荡的政府，如果它自己没有法律来纠正自己的错误，它是无法维持下去的。

第九章　罗马灭亡的两个原因

当罗马的统治局限在意大利的时候，共和国是容易维持下去的。所有的士兵同时也就是公民；每个执政官都征集军队；其他公民则在下一任执政官的统率下去作战。军队的人数既然不是太多，人们就注意到只把关心保存城市的有相当财产的人吸收到军队里来。最后，元老院还密切注视将领们的一举一动，它根本不使他们想到要做出违反自己本分的事情。

但是当军团越过了阿尔卑斯山和大海的时候，战士们在许多战役中就不得不留驻在他们所征服的地方，这样他们就逐渐地丧失了公民们应有的精神，而在手中掌握着军队和王国的将领们感到自己的力量很大，就不想再听命于别人了。

于是士兵们这时就开始只承认自己的将领了，他们把自己的一切希望都寄托在将领的身上，而且和罗马的关系也越发疏远了。他们已经不是共和国的士兵，而是苏拉、马利乌斯、庞培、恺撒①的士兵了。罗马再也无法知道，在行省中率领着军队的人物到底是它的将领还是它的敌人了。

正当罗马人民被他们的保民官引入歧途的时候（他们正是把他们自己的权力委托给保民官的），元老院却易于进行自卫，因为它的行动是坚持不懈的，可是贱民却不断地从激昂狂暴的一个极端走向软弱无能的另一个极端。但是当人民能够使他们所拥戴的人们在国外取得一个极大的权力时，元老院的全部智慧就变得无用，而共和国也就垮台了。

自由的国家中有一些国家所以维持得不如另一些国家长久，这是因为它们所遭遇到的不幸和成功几乎总是使它们失掉了自由。但另一方面，人民受到统治的一个国家的成功或不幸却总是确定了他们的奴役。一个贤明的共和国绝不应当冒险使国家一任命运的摆布：它应当追求的唯一的幸福，就是它的国家的巩固持久。

---

① 盖约·尤里乌斯·恺撒（约纪元前100—前44年），古罗马政治家，杰出的统帅。恺撒为了取得独裁大权，曾不择手段地夺取政权。他憎恨贵族政治和民主制度，虽然就出身而论，他是一个贵族并曾为煽动的目的而组织了被苏拉所摧毁的民主派。恺撒虽是罗马国家的最高祭司，但他是藐视宗教的。他力图推翻元老院的政权，因而他就利用罗马民主派来压制元老院。

“恺撒主义”这一概念后来就被用来表示周旋在各社会集团之间的军事专制政权。恺撒死于元老集团的阴谋。

孟德斯鸠在记述日耳曼各族人民的法律时，利用了恺撒的名著《高卢战记》（*De bello Gallico*）。

如果说帝国的伟大毁掉了共和国，则城市的伟大足以毁掉共和国的程度并不更差一些。

罗马在意大利各民族的支援下征服了全世界，它在不同的时期把不同的特权给予了这些民族。这些民族的大部分从一开头就不很关心取得罗马人的公民权；有一些民族毋宁说更愿意保存自己过去的习惯。但是，当这个权利变成代表世界主权的权利，如果一个人不是罗马的公民就什么都不是，而且有了这个头衔就等于有了一切的时候，意大利各民族就决定，要是不能成为罗马公民，就毋宁死掉；在不能用阴谋或是用请求达到目的的时候，他们就诉诸武力；面临伊奥尼亚海的全部地区的居民发动了起义；其他的同盟者也想学他们的样。罗马不得不对说起来正是他们征服全世界时的左右手作战，因此罗马的处境便十分危险了。它眼看就要退回自己的城里去：它同意把人们如此期望取得的这种权利给予还没有中止对它表示忠诚的同盟者。此后罗马就逐步把这种权利给了所有的人。

从那个时候开始，罗马就不再是像过去那样的一个城市：在过去的罗马城里，人民是被一种同样的精神，对自由的一种同样的爱，对暴政的一种同样的憎恨所鼓舞的；过去在那里，对于元老院的权力和显贵的特权的嫉妒总是和尊敬混合在一起的，这种嫉妒不过是对平等的一种爱罢了。意大利各民族成为罗马的公民以后，每一个城市便表现了它自己的特色，表现了它所关心的特殊利益，表现了它对某一个强大的保护者的依赖。一个居民分散开来的城市再也不能形成一个统一的整体；而且既然人们不过是由于一种特殊的法律上的规定才成为罗马公民的，人们便不再有同样的高级官吏、同样的城墙、同样的神、同样的庙宇、同样的坟墓，因此人们就不再用和先前相同的眼光看待罗马，人们也不再像以前那样地爱自己的祖国，对罗马的依恋之情也不复存在了。

野心家们把别的城市的居民和整个整个的民族引入了罗马，为的是在选举时制造混乱或是操纵选举；集会成了不折不扣的阴谋；人们把几个暴徒组成的集团称为科米凯司（comices）；人民的权威，人民的法律，人民本身都成了空中楼阁；而无政府状态到了这样的程度，以致人们竟无法再知道人民是通过了某一个决定还是根本没有通过什么决定。

在作家们所写的作品里，人们只听到他们谈到把罗马引向灭亡的纠纷；但是他们却没有看到，这些纠纷是必要的，它们一直都存在着，而且应当永远存在下去。引起灾难并且把人民的骚动变为内战的，完全是由于共和国的庞大。在罗马是必然要发生纠纷的：它的战士们在国外既然是这样傲慢、这样勇敢、这样可怕，那么他们在国内也就不可能是十分温和的。在一个自由的国家里，要求人们在战争中大胆而在和平时期中胆怯，这无疑是要求不可能的事情：可以说有这样一个普遍的惯例，这便是每当人们在一个自称为共和国的国家里看到，所有的人都安静无事的时候，那就可以肯定，在那里是没有自由的。

在一个政治组织中人们称为联盟的东西，乃是一种十分暧昧费解的东西；真正的联盟是和谐的联盟，这种联盟使我们看来不管是多么矛盾的一切组成部分都能协力促进整个社会的幸福，就好像音乐中的不谐和音有助于全体的和谐一样。在人们认为是存在着混乱的一个国家里，仍然可以有联盟存在，这就是说，存在着一

种和谐，从这种和谐中产生出构成真正和平的幸福。在那里就同这个宇宙的各个部分一样，它们永远是借着一些部分的作用和另一些部分的反作用相互联系在一起的。

但是，在亚细亚的专制制度中，这就是说，在一切并非温和的政府的和谐中，却总是有一种真正的纠纷。农民、士兵、商人、官吏、贵族等人所以结合到一起，不外是由于一些人压迫另一些人而没有遇到另一些人的反抗罢了。如果人们在那里也看到有联盟存在的话，那么它并不是团结一致的公民，它只不过是一些挨着另一些埋葬下去的尸体而已。

罗马的法律后来已无力统治共和国，这是千真万确的事情；但下述的情况却是一件人们永远会看到的事情，这就是使一个小共和国变成大国的好法律，在这个国家扩大的时候，对它就不方便起来了：因为这些法律的自然作用是造成一个伟大的民族，却不是统治这个伟大的民族的。

在好法律和适用的法律之间是大有区别的；好法律是要使一个民族成为其他民族的主人，而适用的法律则是要维持一个民族所取得的权力。

目前世界上有一个共和国，这个共和国几乎无人知道，却偷偷地和默不作声地每天都在加强自己的力量。千真万确的事情是，如果它在什么时候扩大到它的智慧所注定的那种规模，它是必然会改变自己的法律的；这绝不会是一个立法者的事情，而是它的腐化堕落本身所产生的后果。

罗马的建立就是为了扩大的，对于这一点来说，罗马的法律非常出色。因此，不论罗马过去是怎样的一种统治，国王的统治也好，贵族政体或民主政体也好，它都从来没有停止进行要求实际活动的壮举并且获得了成功。它并不是在一天里，而是永远比世界上的所有其他国家明智；不管它是小国、中等国，还是个大国，它都会同样治理得很出色；任何幸运，它都能从中得到利益，任何不幸，它都能从中获取教训。

罗马失去自己的自由，是因为它把自己的事业完成得太早了。

第十章　论罗马人的腐化堕落

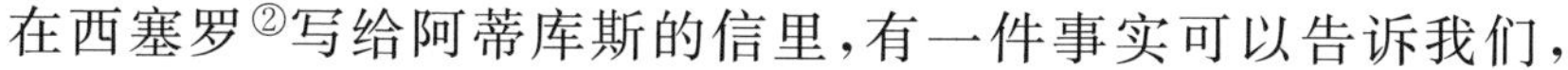

我以为在共和国末期传入罗马的伊壁鸠鲁[①]学派大大地有助于腐蚀罗马人的心灵和精神。在他们之前，希腊早已受到了这个学派的侵蚀：因而他们腐化堕落得更早些。波利比乌斯告诉我们说，在他那个时候，希腊人发的誓是没有人相信的，反之罗马人却可以说是受着誓约的约束的。

在西塞罗[②]写给阿蒂库斯的信里，有一件事实可以告诉我们，

① 伊壁鸠鲁（纪元前约 341—前约 270 年），杰出的古希腊唯物主义哲学家，他是哲学中“德谟克利特路线”的继承者。伊壁鸠鲁根据在德谟克利特之后积累的经验，进一步发展了德谟克利特的原子论。

在伊壁鸠鲁的学说中，表现了对物质运动的内部源泉的推测。他承认物质的运动是永恒的，他试图用重量来解释运动的原因。在认识论方面，伊壁鸠鲁是一个感觉论者。伊壁鸠鲁还作为一个国家的理论家而使我们感兴趣。在他的著作中，我们第一次看到关于国家是建立在社会契约之上的概念。

② 马尔库斯·图留斯·西塞罗（纪元前 106—前 43 年），罗马政治家，同斯多噶派接近的折衷主义哲学家。政治和哲学题材的许多作品的作者。在《论共和》一文中，他阐述了关于国家制度的最好的形式的问题。西塞罗认为罗马共和国的宪法是民主制度、贵族政治和君主制度的成功的结合。在《论法律》一文中，他认为罗马的法律是一切法律的典范。孟德斯鸠对西塞罗的著作很感兴趣。

从波利比乌斯的时期以来，罗马人在这方面发生了多么大的变化。

他说：“美米乌斯刚刚通知元老院他的竞争者和他同执政官们缔结的条约，根据这个条约，执政官必须协助他们竞选下年度的执政官，而从他们这方面来说，如果他们不能给执政官提供三个占卜师和两个前执政官的话，他们必须支付给执政官四十万谢司特尔求司：原来这样做是要占卜师声明说，当人民通过库里亚法的时候，他们全都在场，虽然根本就没有这样的事情；至于前执政官，则是要他们硬说，在签署整顿他们的行省的事务的元老院命令时他们是在场的，但这件事也是完全不存在的。”在这一个条约里就可以看到有多少无耻的人物！

宗教永远是人们可以用来维系人心的最好保证，但除去这一点之外，在罗马人当中还有这样一个特点，这便是在他们对祖国的爱上面，他们还掺入了一些宗教的情感。这座城市在初建的时候，朕兆是极好的。他们的国王和他们的神罗慕露斯，同城市一样永恒的这座卡庇托留姆山，同建城者一样永恒的这座城市，在过去什么时候曾在罗马人的心灵中造成一种他们想永远保存下去的印象。

国家的伟大给个人也带来了巨大的财富。然而既然丰裕是在于善良的风俗，而不是在于豪富，所以罗马人的那种无限多的财富就引起了一种空前的奢华和浪费。最初由于自己的财富而堕落下去的人，后来却由于自己的贫穷而堕落了。如果有了超出个人所需的过多的财富，那他就难于做一个好公民。念念不忘过去豪富的日子并惋惜浪费掉的巨大财产的人，是什么坏事都干得出来的。正像撒路斯特所说，人们看到了这样一代的人，他们自己不能有财产，却又不能容忍别人有财产。

可是，不管罗马的腐化堕落达到什么程度，罗马却没有招来一般会产生的一切灾难。因为它的制度的力量是如此巨大，以致在财富、在柔弱和纵欲当中，它仍然保存了英雄的勇气，保存了它的全部战斗能力。我认为这一点是世界上任何国家都做不到的。

罗马的公民认为商业和手工业是奴隶们才干的行业：他们是绝不做这类营生的。如果有几个例外的话，那不过是一些被释放的奴隶继续干他们先前的行业而已。但是，一般说来，罗马人只知道战术，这是他们取得高级官吏职位和荣誉的唯一道路。因此，在把所有其他的美德全部丧失以后，军事方面的美德在他们身上仍旧保留着。

第十一章　论苏拉，论庞培和恺撒

我请大家允许我不来讲马利乌斯和苏拉的战争中的那些恐怖事件：大家可以在阿庇安[①]的著作中看到关于这些战争的令人感到战栗的故事。除去两个领袖的嫉妒、野心和酷行之外，每个罗马人也都疯狂了；新的公民和老的公民相互间不再看成是属于同一个共和国的成员，他们进行的是这样一个战争，一个特殊的战争，它既是内战，又是对外的战争。

苏拉制定了一些法律，这些法律十分便于消除当时罗马人所

① 阿庇安（一世纪末至二世纪），古罗马历史家，他记述了罗马帝国个别地区的历史（从它们开始对罗马人进行斗争到罗马征服这些地区）。阿庇安拥护君主制度。他的著作的意义就在于他多少注意到了阶级斗争的作用。马克思对他的著作估价很高，马克思指出说，他力图“发现内战的……物质基础”。

看到的混乱的原因：它们加强了元老院的权威，压制了人民的权力，又调整了保民官的权力。使苏拉放弃独裁官的权力的奇想仿佛使共和国重新有了生命。然而正当他们陶醉在接二连三的胜利之中时，他却施行了这样一些使罗马再也不能保存本身的自由的措施。

在远征亚细亚的时候，他取消了一切军事纪律；他使他的军队习惯于抢劫，并使他的军队产生了他们过去从来没有过的需要；他既然使士兵们腐化，士兵们后来也就腐化了他们的将领。

他是借着军队的力量进入罗马的，他教给罗马的将领们，要他们破坏自由的托庇之所。

他把公民的土地分给士兵，他使他们毫无止境地贪婪下去；因为，从这个时候起，任何一个军人只要一有机会，就会把他同一国家的公民的财产弄到自己手里来的。

他发明了放逐制度，并且给那些不属于他的一派的人们的脑袋定出了价钱。从那个时候起，人们就更加不可能表示对共和国的忠诚了，因为在两个有野心的并相互争夺胜利的人中间，保持中立并拥护自由派的人们是一定会被双方中取得胜利的任何一方列入被放逐的名单之内的。因此参加他们中间的一方面才是慎重的做法。

西塞罗说，在苏拉之后出现了这样一个人，这个人做出了伤天害理的事情，并取得了更加可耻的胜利；他不仅把私人的财产充公，他还使所有的行省都遭到同样的灾祸。

苏拉在放弃了独裁官的权力之后，作出一种姿态，好像他只愿意生活在他自己所制定的法律的保护之下。但是表现出如此温和的这一行动，它本身却是他的残暴行径的结果。他把土地分给驻在意大利各个地区的四十七个军团。阿庇安说，这些人认为他们的财产和他的生命是关联着的，因而他们总是十分注意他的安全，准备随时帮助他或是为他报仇。

共和国是注定要灭亡的了，问题不过是要知道它如何被推翻，为谁所推翻罢了。

两个同样是野心很大的人，他们不同的地方只是其中的一个人并不像另一个人那样如此露骨地想达到自己的目的；这两个人由于他们的声誉、由于他们的功勋、由于他们的美德而压倒了所有其他的公民。庞培首先出现，紧接着恺撒也就登场。

为了取得人民的好感，庞培取消了苏拉的那些限制人民权力的法律；当他为了自己的野心而牺牲了他的祖国的那些最为有益的法律时，他就取得了他所希望的一切，而人民也就对他表现了无限的轻率。

罗马的法律贤明地把国家的权力分配给许多高级官吏，这些官吏相互之间起支持、制止和限制的作用。既然他们每个人的权力都是有限的，因而每一个公民都可以取得这样的职位。而人民看到许多人一个挨着一个地担任同一个职务，但对他们之中的任何一个人都不习惯。但正是在这个时候，共和国的制度改变了：最有势力的公民们使人民把一些非常的任务付托给他们。这样的做法就消灭了人民和高级官吏的权力，并使得一个人或几个人能够把全部国家大事掌握到自己手里。

由于必须对赛尔托留斯作战，人们把这个任务委托给庞培。还应当对米特利达特作战，于是大家又都叫着庞培的名字。当人们需要把粮食运到罗马的时候,如果不把这件事交给庞培去做,人民就认为事情弄坏了。人们不是想把海盗消灭吗,这只有庞培才办得到。而且当发生了恺撒要攻入意大利的危险的时候,元老院就把庞培召了来,把一切希望寄托在他身上。

马尔库斯对人民说:“我知道得很清楚,显贵们所期待的庞培宁愿保证你们的自由,而不愿保证显贵们的统治。但过去却有这样一个时期,在那个时候,你们当中的每个人都是在许多人的保护之下,而不是所有的人在一个人的保护之下,此外,在那个时候,一个人要是能够给予或是拿走这类的东西,这是前所未闻的事情。”

在为了扩大疆域而创立起来的罗马,必须在同样一些人的身上把荣誉和权力结合起来;而在混乱的时期里,这就使人们能够把人民的瞩望集中到一个公民的身上。

当人们给予荣誉的时候,他们确实知道他们给的是什么东西。但是,当人们把权力也加到他身上去的时候,人们便无法说出,这权力究竟会大到什么程度了。

在一个共和国里,对一个公民所表示的过分的偏爱永远会产生必然的后果:或者是引起人民对他的嫉妒,或者是产生对他的过度的爱戴。

在返回罗马的时候,庞培两次都有力量取消共和国,但他是有节制的,他在进入罗马之前,就把自己的军队解散了:他是以一个普通公民的姿态出现于罗马的。使他得到极大光荣的这些行动使得后来不管他做出什么违法乱纪的事情,元老院总是袒护他的。

庞培的野心比起恺撒的野心来,较有节制,较为温和。恺撒和苏拉一样,他手中掌握了军队,就想取得最高的权力。但庞培却根本不喜欢用这样的强制办法：他是在得到了人民的同意之后才想取得独裁政权的；他不能同意篡夺政权，但是他却希望人们把这样的权力交到他手里。

既然人民的好感并不是永久不变的，于是终于到来了一个时期，庞培的威信开始衰退下去了；使他最感到伤心的事情是：他所瞧不起的人民增加了他们自己的力量，并用这个力量来对付他了。

这一点就使他做出了三件同样是对自己十分不利的事情：他用金钱来腐化人民，在选举的时候，对每一个投票的公民他都用一笔钱来收买。

此外，他又利用一批最坏的贱民来阻挠高级官吏正常地执行自己的任务。他这样做是指望那些已倦于生活在无政府状态之中的明智之士，由于绝望的心情而拥戴他为独裁者。

最后，他把自己的利益同恺撒和克拉苏的利益结合起来。加图说，使共和国毁灭的并不是他们之间的敌视，而是他们之间的联盟。实际上，罗马是处于这样不幸的一个局面，以致和平带给它的烦恼大于内战带给它的烦恼。原来把几个巨头的目的和利益结合到一处的和平，最后只能造成暴政了。

庞培本来并未存心用自己的威望来帮助恺撒。但是他却不知不觉地为恺撒牺牲了它。恺撒立刻不仅用庞培给他的军队来反对庞培，而且使用他的计策来反对他。他利用自己的密使去煽动全城的人民，这样就控制了选举的结果：执政官、行政长官、保民官都用他们自己所规定的价钱被收买了。

清楚地看到恺撒的意图的元老院向庞培求助了；它请求庞培出来保卫共和国，如果还可以用这个名称来称呼这种需要一个公民来保护的统治制度的话。

我以为，搞垮了庞培的是一种羞辱感，因为在他想到过去他把恺撒捧起来，正是由于他没有远见的时候，他是会产生这种羞辱感的。在长久的时期中间，他都不能习惯于这样的一个想法；他不承认他使自己处于危险的地位，因而他根本没有采取自卫的措施；他要元老院相信，恺撒不敢发动战争；由于这样的话他说了好多次，他就不得不老是这样说了。

看起来好像有一种情况使恺撒什么都敢做出来：这就是由于名称不幸的一致，人们把山北高卢和他所统治的山南高卢合并起来了。

政治上的理由绝不允许在罗马的附近有军队；但是它却不容许在整个意大利完全没有军队：这一点就使人们能够把大批的军队留驻在山南高卢，这就是说，在鲁比康河的那一面直到阿尔卑斯山的地方，鲁比康河则是洛玛尼亚的一条小河。但是，为了保证罗马不受这些军队的侵犯，元老院公布了一项著名的命令，这项命令人们现在还可以看到，它刻在从里米尼到谢桑纳途中的石头上。这一命令向地下诸神奉献牺牲，并且把率领着一支军队、一个军团或一个中队渡过鲁比康河的任何人宣布为渎神者和祖国的叛徒。

除去管理可以威胁罗马本城的如此重要的这一地区以外，人们又加上了另一个更加重要的地区，这就是包括法国南部地区在内的山北高卢。这一地区给恺撒以在许多年中间对他所愿意征服的任何民族作战的机会，结果他的士兵就成了他的老兵，而他对老兵的心的征服丝毫不次于对蛮族的土地的征服。如果恺撒根本没有统治山北高卢的话，他就不会使他的士兵腐化堕落，也就不会使他的名字因这样多的胜利而受到崇敬了。如果他不统治山南高卢，庞培就可以阻止他通过阿尔卑斯山。这样一来，从战争一开始，他就非得离开意大利不可：这就会使在内战中成为主力的他的一派的声誉一扫而光了。

恺撒在渡过鲁比康河时使罗马感到的恐怖正同当初汉尼拔在坎奈一役以后使罗马感到的恐怖一样。在战争开始的时候，惊惶失措的庞培，只有到他自己感到已走投无路的情况下，才决定采取什么对策：除去让步和逃跑以外，没有别的办法；他离开了罗马，把国库留在那里；他没有任何办法阻止胜利者；他放弃了自己的一部分军队和整个意大利，渡海到别处去了。

关于恺撒的幸运，人们谈得很多了；但是这个非凡的人物有这样一些伟大的优良品质，却没有什么缺点，以致尽管在德行上他也有很多不够的地方，然而不管他统率什么军队，他永远都会是胜利者；不管他生在哪个共和国里，他永远都会是统治者。

恺撒在打败了庞培在西班牙的太守们之后，便到希腊找庞培本人去了。统治着海岸地带并拥有优势兵力的庞培，眼看着就可以把处于困难境地并为饥饿所苦的恺撒军队歼灭掉。但是，既然他的最大弱点是想取得人们的赞同，因而他就不能不去倾听他手下的人们的空论，而这些人又总是爱揶揄他或是责怪他的。一个人说，他想永远担任统帅，要像阿伽美农那样地成为众王之王。另一个人说，我告诉你们，今年我们将不再吃图司库路姆的无花果。庞培所取得的某些个别的胜利冲昏了这一群元老的头脑。因此，为了避免谴责，他却做了一件永远会受到后人责难的事情，这就是他牺牲了自己的一切有利条件，率领着新军队去对抗曾经取得过这样多次胜利的军队。

当在法尔撒勒被击溃的军队的残部退入非洲时，统帅军队的斯奇比奥根本不愿意听从加图的意见，那就是把战争拖延下去：由于几次胜利而得意起来，他便拿一切来冒险，因而也就毁掉了一切。当布鲁图斯和卡西乌斯把自己方面的局势重新整顿起来的时候，他们的同样的这种仓促从事却又第三次毁坏了共和国。

你们可以看到，在这些长期持续下去的内战中，罗马的外部威力是在不断增强的。在马利乌斯、苏拉、庞培、恺撒、安东尼、奥古斯都的治下，越来越变得可怕的罗马结果把残存的一切国王都打垮了。

对其他国家产生最强烈的征服威胁的国家，莫过于本身经历过十分残酷的内战的国家了。在那里所有的人，贵族、市民、手工业者、农民都成了士兵；当由于缔结了和约而它的兵力被集合到一处的时候，这个国家比起那些只有公民的国家来是有着巨大优点的。此外，在内战当中，又常常会出现伟大的人物，因为在混乱之中，有功勋的人会出人头地，他们每人都会因此而取得应有的职位。可是在没有内战的时候，人们的职位都是被安排好了的，情况就往往是适得其反了。我们可以不用罗马人，而用时代较近的另一些人来做例子：法国人对其他民族最可怕的时候，是在布尔戈涅家和奥尔良家之争以后的时候，是在天主教同盟之乱以后的时候，是在路易十三和路易十四幼年时内战以后的时候。英国受到最大的崇敬，是在克伦威尔当政的时候，是在长期议会时发生的战争以后的时候。德国人只有在德国内战以后才取得了对土耳其人的优势。菲利普五世治下的西班牙人在争夺王位的内战以后，立刻就把使欧洲为之震动的一支军队派到西西里去。而现在我们又看到，波斯从内战的灰烬中得到再生并且把土耳其人打败了。

最后，共和国还是被消灭了；而在这一点上，不应该责怪某些个别人物的野心，应该责怪的是人：他越是有权力，就越是拼命想取得权力；正是因为他已经有了许多，所以要求占有一切。

如果恺撒和庞培像加图那样地思想，其他的人也就会像恺撒和庞培那样地思想；而注定要灭亡的共和国就会经别人的手而被拖入深渊了。

恺撒赦免了所有的人；但是在我看来，在人们夺取了一切之后所表现的温和是不值得受到很大的称赞的。

不管人们如何谈到法尔撒勒一役后恺撒的敏捷，西塞罗却完全有理由责备他的迟缓。他对卡西乌斯说，他们从来不认为庞培派会这样快地在西班牙和非洲把旗鼓重新整顿起来，而且如果他们能够预见到恺撒会在亚历山大里亚战争耽误时间的话，他们就不会同恺撒缔结和约，而是要跟着斯奇比奥和加图退到非洲去了。

因此一种狂热的爱迫使恺撒进行了四次战争；既然没有办法避免后面的两次战争，他就使他在法尔撒勒一役所得的战果发生了问题。

在开始的时候，恺撒是在高级官吏的名义下进行统治的，因为只有头衔对人们才最起作用。而且就同亚细亚的各民族憎恨执政官和副执政官的头衔一样，欧罗巴各民族是讨厌国王的头衔的：结果在那个时候，这些名称竟造成了人们的幸福或是绝望。恺撒并不反对人们把冕旒加到他头上的意图；可是，看到人民停止喝彩的时候，他就拒绝这样做了。他还作了另外的一些尝试。我不能理解，他怎么能够认为：仅仅是忍受暴君统治的罗马人竟因此会喜爱暴政，或者是他们认为他们所做的事情是出自本意的。

有一天元老院把某些荣誉授给他，他却连站都不屑站起来；而从这个时候起，那些最重要的元老就忍耐不下去了。

使人们感到最受侮辱的事情，莫过于他们的仪节和习惯受到破坏了。设法去压迫他们，这有时反而证明你对他们的尊敬；如果破坏他们的风俗习惯，这却永远是一种蔑视他们的标志。

一直是元老院的对头的恺撒不能掩饰自己对于这一机构的蔑视，而元老院在失去权力之后，几乎变得可笑了：因此甚至恺撒的宽大都成为侮辱性的了；人们认为他是不宽恕人的，但是他又不屑惩罚。

他把元老院竟然蔑视到他自己作出元老院决定的程度；他想到哪些元老，他就用哪些元老的名字来签署这种决定。西塞罗说："我常常听说，据说是由于我的建议而通过的元老院决定，实际上是在我根本不知道任何这样的决定以前就送到了叙利亚和阿尔明尼亚的。许多国王写信感谢我，因为我曾提出自己的意见要人们称他们为国王，可是不但我不知道他们是国王，甚至不知道世界上有他们这些人存在。"

这个时代的一些大人物的书信被人们编到了西塞罗的名下，因为这些书信的较大部分是出自他的笔下的。从这些信中人们可以看到共和国的主要领导人由于这一突如其来的革命而感到的忧郁和绝望，因为这一革命使他们失掉了荣誉，甚至使他们无事可做；元老院既然不再行使自己的职权，他们也就不再享有过去在所有人们中间所享有的威信，因此也就只能把希望寄托在一个人的统治上面了；这一点在这些书信中比在历史家的论述中看得更清楚。这些书信是为共同的痛苦所结合起来的人们的朴直的杰作，又是这样一个时代的杰作，在这个时代里，虚伪的礼节还没有使说谎成为一种普遍的习惯。最后，并不像我们今天大部分的书信那样，我们在这些书信中根本看不出人们想互相欺骗，而是不幸的朋友们相互倾诉自己心底的一切。

恺撒要想保卫自己的生命是非常困难的：大部分的阴谋者都是他的同党或是受了他很多恩惠的人。阴谋产生的原因是十分自然的。他们在恺撒的胜利中得到了巨大的好处；可是，他们的处境越好，他们也就开始越发强烈地感到一种共同的不幸；原来，在一个一无所有的人看来，从某些方面来说，他生活在什么形式的统治之下都是无所谓的。

其次，还有一种在希腊和意大利的一切共和国中确定下来的国际法，一种意见：它把杀死篡夺国家最高权力的人的行动看成是一种美德。在罗马，特别是在赶跑了国王以后，明确地制定了这一类的法律，这也都是有例可循的：共和国把武器交给每一个公民，为此授他以高级官吏的权力并承认他是自身的保卫者。

布鲁图斯竟敢向他的朋友们说，即使是他的父亲重新回到地上来，他仍然是会把他杀死的。尽管由于接连不断的暴政，这种自由的精神渐渐趋于泯灭，但是在奥古斯都统治开始的时候，阴谋事件却一直不曾停止过。

这是对祖国的一种主导的爱，这种爱脱出了罪恶和美德的常规，它所服从的只是它自己，它是不管什么公民、朋友、好人、父亲的：美德正仿佛是为了超越自己才把自己忘掉的；在开始的时候，人们由于它残酷而不能赞许的行动，美德却使它被人们称颂为神圣的。

老实说，生活在自由政府治下的恺撒，他的罪恶不是只有用暗杀的办法才能加以惩处吗？而要问人们为什么不公开用武力或根据法律来追究他，这岂不就等于要求他说明犯罪的理由吗？

第十二章　论恺撒死后罗马的情况

要把共和国恢复起来已经不可能了，因此人们先前从来没有看见过的事情发生了；再也没有暴君，可是自由也没有了，因为使共和国毁灭掉的那些原因一直都存在着。

阴谋者所拟订的计划不过是一般的阴谋计划，可是他们却根本没有去考虑如何应付阴谋实现后所引起的后果。

在做出了暗杀行动以后，他们就退到卡庇托留姆山去了：元老院没有召集会议；第二天，企图制造混乱的列庇都斯率领着武装的人们占领了罗马的广场。

害怕人们向他们追索他们已经取得的巨额赏赐的老兵们开进了罗马：这一行动使元老院同意了恺撒的一切法案，而为了用一切办法防止有极端的行动发生，元老院又宣布赦免阴谋者。于是就形成了一种虚假的和平。

恺撒在他死以前准备出征帕尔提亚人的时候，曾指定了此后多年间担任高级官吏的人选，为的是当他不在的时候，他可以有一些人维持国内的安宁：因此在他死后，他的一派在长时期中间感到有后备力量的保证。

由于元老院毫无限制地同意了恺撒的一切法案，并且把这些法案交付给执政官去执行，因此当时担任执政官的安东尼便取得了恺撒的记事册，把恺撒的秘书也收买过来，这样他就把他所想做的事情都记载到这本记事册里面去了：这样一来，独裁者在恺撒死后比他生前统治得更加横暴了；恺撒从来没有做的事情，安东尼都做了；恺撒从来没有散发的钱，安东尼也散发了。所有对共和国不怀善意的人都突然在恺撒的记事册里找到了补偿。

不幸的事还不止于此，恺撒曾把他保存在欧普斯神殿的巨额款项收集起来作为出征的费用：但是安东尼却借着恺撒的记事册随心所欲地把它处理掉了。

阴谋者起初决定把恺撒的尸体投到梯伯河里去：他们在这件事上不会遇到任何阻碍；因为，在随着一个出其不意的行动而到来的惊惶失措的时期，凡是人们敢做的一切，他们是都易于做到的。可是这件事并没有做到，原因是这样：

元老院认为它必须允许人们给恺撒举行葬礼；而且老实说，他既然没有被宣布为暴君，元老院就不能拒绝给他举行葬仪。然而，罗马人有一个被波利比乌斯十分称赞的风俗，那就是在下葬时带着祖先的像，随后又给死者作墓前的演说。做了这样的演说的安东尼把恺撒的血袍给人们看，向他们宣读了恺撒把大量的赠赐给予人民的遗嘱，并且把人民激怒到这样的程度，以致他们竟烧掉了阴谋者的房屋。

我们有在这一事件发生时统治着元老院的西塞罗所作的招供，他说应当行动得更加激烈些，乃至不惜冒生命的危险，他还说绝不会有人丧命的;但他又辩解说,当元老院集合的时候,时间已经来不及了。而知道在有人民作为主要力量参加的事件里一瞬间有多么重要的价值的人们,对这一点是不会感到惊讶的。

这里还发生了另一件事情:当人们为纪念恺撒而举行比赛的时候,一个长尾的彗星在天上出现了七天:人民以为上天把恺撒的灵魂接引去了。

希腊和亚细亚的各族人民有一种给国王们修建神殿的习惯,他们甚至有给治理他们的副执政官修建神殿的习惯。人们允许他们做这样的事情,因为这可以最有力地证明他们的受到奴役的地位。罗马人在家祠里或私人的神殿里也可以奉祀自己的祖先;可是我并没有看到,从罗慕露斯到恺撒,任何罗马人被当成全国的神。

马其顿的治理是委托给安东尼的;然而他想得到的却是两个高卢:大家对于什么是他这样做的动机知道得很清楚。当治理山南高卢的戴奇谟斯·布鲁图斯拒绝把这个地方交给他的时候,他就想把布鲁图斯干掉。这就引起了一场内战,在内战中,元老院宣布安东尼为祖国的敌人。

西塞罗为了搞垮他的私敌安东尼,就不怀好意地设法促使屋大维上台;可是,他非但没有使人民忘掉恺撒,却反而使他们老是想到他。

屋大维对西塞罗是用了手腕的:屋大维讨好他,赞扬他,遇事同他商量,凡是可以增加虚荣心的一切权术,对他都用上了。

几乎所有的事情都坏在下述的情况上面:那就是通常做这些

事的人们除了主要的目的之外，还追求那些迎合自己的虚荣心和使他们自我满足起来的个人的某些微小成就。

我以为，如果给共和国保留着加图的话，事态发展的方向就会完全不同了。西塞罗做第二流角色是很有办法的，但是他并没有能力做第一流角色。他有着了不起的才能，可是论人品却往往是平凡的。在西塞罗身上，品德是次要的；在加图身上，品德却是一种荣誉了。西塞罗总是先想到自己，加图却总是忘掉自己。加图想挽救共和国是为了共和国本身，西塞罗则是为了自己的虚荣心。

我可以把这种平行的对比继续加以引申：我可以说加图有预见的能力，但西塞罗却是心怀畏惧的；加图有所期望，但西塞罗则是信任；前者看事情的时候经常保持冷静，后者则受到成百种琐细热情的干扰。

安东尼在莫迭那被打败了：两位执政官希尔求司和庞撒死掉了。自认为控制了局势的元老院想把屋大维压下去，屋大维从自己的一方面来说，则停止了对安东尼的反对行动，他率领军队来到罗马，使自己被宣布为执政官。

西塞罗自己夸耀说，他的外袍摧毁了安东尼的军队，然而这里却也就看出，他怎样使共和国遇到一个更加危险的敌人，因为这个人的名字在人们心中更加亲切，而他的权利从外部来看也更加合法。

失败的安东尼亡命到山北高卢去，列庇都斯在那里接待了他。这两个人和屋大维结合起来，他们相互同意牺牲他们一些人的朋友和他们另一些人的敌人的性命。列庇都斯留在罗马，其他两个人则去寻找布鲁图斯和卡西乌斯，并且在人们三次争夺世界霸权的那些地方碰上了他们。

布鲁图斯和卡西乌斯由于一种不可饶恕的轻率而自杀了。读到他们一生中的这个阶段，人们不能不为这样就放弃的共和国感到惋惜。在悲剧结束的时候，加图也自杀了。这两个人的死就好像是开始了这个悲剧似的。

在罗马人中间自杀的习惯之所以如此普遍，人们可以举出许多原因来：鼓励这样做的斯多噶学派的传播；凯旋和奴隶制度的确立，它们使许多大人物认为自己是不应在失败之后苟且偷生的；受到控诉的人在自杀时所得的利益，因为用这样的办法，他可以避免受到可耻的和财产充公的宣判；对荣誉的一种特殊的理解，也许这比之今天迫使我们因为一个手势或一句话而杀死自己的朋友的情况是要明智些的；最后，这是表现英雄气概的一个极其方便的办法，因为任何人都可以在他所愿意的地点，结束他在世界上所表演的那一出戏。

人们还可以加上使自杀变成轻而易举的事情的一个原因：完全为它自己打算做的事情所占据的精神，为决定行动的动机、为它所要躲避的危险所占据的精神，老实说，根本没有看到死亡，因为激情只使他感觉，却完全没有去看。

自尊心，对自我保存的爱，是以这样多的方式出现，并且依照这样相互矛盾的原则发生作用，以致它竟然使我们为了爱自己的存在而牺牲自己的存在；我们竟然这样尊重自己，那就是我们由于一种自然的和朦胧的本能而同意结束自己的生命，这种本能使我们爱自己甚于爱自己的生命。

第十三章　奥古斯都

塞克司图斯·庞培领有西西里和萨地尼亚；他是海上的主人，而且他身边还有很多不惜为自己最后的期望而战斗的亡命者和流放者。屋大维对他进行了两次十分艰苦的战争，在一些惨重的失败以后，才依靠阿格里帕的高妙战术战胜了他。

几乎所有的阴谋者都是死得很悲惨的；在下手无情的战争中领导着总是被打败的党派的那些人，他们之遭受横死本是十分自然的事情。然而从这里人们却得出惩罚刺杀恺撒的凶手和将他们判罪的按照天意报复的结论来。

屋大维把列庇都斯的士兵拉到自己的一面来并且剥夺了他的三头的权力。屋大维甚至不许他隐居韬晦，而是强迫他以一个私人的身份参加人民大会。

看到列庇都斯所受的屈辱，我们感到很满意。这是共和国中的最糟糕的一个公民：总是他第一个闹乱子，不断地出坏主意，而在实行这些坏主意的时候，他就不得不同比他还要狡猾的人们勾结起来了。现代有一位作家却愿意称颂列庇都斯，他引用了安东尼的话，安东尼在自己的一封信里称他是一个诚实的人；然而安东尼眼中的诚实的人，在别的人眼里，却完全不一定也是这个样子。

据我看来，在所有罗马的将领中间，只有屋大维才能获得士兵们的爱戴，因为他不断地在他们面前表现出一种天然的胆怯。在这个时候，士兵们重视将领的慷慨大度，胜过将领的勇敢。也许正是由于没有这种勇气（这种品质可以使人取得统治权），这一点反而成了屋大维的幸运，甚至使屋大维取得他的地位：他是最不使人害怕的。如果说他做的最见不得人的事情反而给他带来了最大的好处，这也不是不可能的。如果从一开始他就表现出伟大的气魄，大家就会对他怀有戒心了。如果他勇敢的话，那他就不会使安东尼有时间来做那些把自己断送掉的事了。

准备对屋大维作战的安东尼向他的士兵发誓说，在他取得胜利后两个月，他就要重新把共和制度建立起来。这一点使我们清楚地看到，尽管军队是世界上最盲目乱动的，从而不断地摧毁自由，然而甚至士兵也还是渴望祖国的自由的。

在阿克求姆展开了一场战斗；克列奥帕特拉逃掉，并且带走了安东尼。毫无疑问，她后来出卖了他。可能，她竟然想用妇女的这种极大的魅力使世界上的第三个统治者拜倒在自己的脚下。

安东尼为之而牺牲了整个世界的那个妇女竟然把安东尼出卖了；他所提拔的或是他一手造成的许多将领和国王都躲开了他。正是好像慷慨大度和奴役是联系着的，一队剑斗士却对他保持了英勇的忠诚。如果把恩惠大量地给予一个人，那么你使他产生的第一个念头，就是想办法保存它们：因为你使他有了一些应当保卫的新的利益。

在这些战争中有着令人吃惊的东西，这就是：一次战斗几乎永远是决定全局的，而一次失败又是不可弥补的。

老实讲，罗马的士兵根本就不懂得自己应当属于一个什么派别。他们不是为了某一件事情作战，他们是为了某一个人作战的。他们只知道自己的领袖，这个领袖因为许给他们许许多多的东西而把他们吸引到自己的方面来。战败的领袖既然不再能实现自己的诺言，于是士兵们便投到另一面去。各个行省不再认真参与争端，因为元老院或人民哪一方面战胜，这对他们已经无关紧要了。结果，领袖当中的一个人一经失败，他们立刻投到另一个领袖那里去，因为每一个城市都想在胜利者面前为自己洗刷，而胜利者当然就要以罪名最重的地方为牺牲，去满足他给予士兵们的大量许诺了。

在法国我们看到两种内战：一种内战是以宗教为借口，这种内战是持久的，因为引起战争的动机在胜利之后还存在着；另一类内战老实讲没有任何动机，它们是由于某些大人物的轻率或野心而引起的，因而它们从一开始就被镇压下去。

奥古斯都(这是谄媚之徒给予屋大维的称号)恢复了秩序，这就是说，一种持久的奴役，因为在人们刚刚篡夺了统治权的自由国家里，凡是可以建立起一个人的无限威信的东西都被称为秩序。凡是可以支持臣民的正直的自由的东西都被称为骚动、倾轧和不良的统治。

所有那些怀有野心打算的人们都想在共和国里造成一种无政府状态。庞培、克拉苏和恺撒在这一方面都取得了惊人的成功。他们规定一切叛国罪都不受惩罚。他们取消了一切可以防止风俗败坏的东西，取消了一切可以建立良好的社会秩序的东西；就好像好的立法者总是设法使他们的公民变成最好的公民一样，这些人却拼命要把他们的公民变得尽可能地坏：他们学来了一种用金钱贿买人民的习惯，如果有人被指控进行什么阴谋，那他们就连法官一齐贿赂。他们使用各种强暴行动在选举时制造混乱，而当有谁受到控告的时候，他们就对法官进行恐吓；甚至连人民的权力都被取消了:伽比纽司就可以拿来作证明,他违反了人民的意志在用武力重新扶植了托勒密以后,竟然厚颜无耻地要求举行凯旋仪式。

共和国的那些首要人物设法使人民讨厌自己的权力,他们设法使自己成为必不可缺的人物,办法是把共和国的统治方式弄得极不方便;但是一到奥古斯都成了主人,政治方面的考虑就使他必须努力把秩序重新建立起来,以便使人们感觉到一个人的统治的好处。

当奥古斯都手里有了军队的时候,他就害怕士兵的哗变,而不害怕公民的阴谋了;正是为了这个原因,他宽待士兵,对公民却非常残酷。可是一到和平时期,他就害怕阴谋了。既然恺撒的遭遇总是摆在自己的眼前,为了避免这样的命运,他就想采取另外的一种做法。这就足以说明奥古斯都一生的关键了。在元老院里,他袍子下面罩着铠甲;他拒绝采用独裁官的名义。恺撒曾傲慢地说过共和国根本不算什么玩意儿,而他的言语就是法律;但奥古斯都却不这样做,他总是讲元老院如何如何好,而他又如何如何尊敬共和国。因此他想把最能讨人民欢心的政府建立起来,同时这个政府又不会触犯他本人的利益。在民政方面,他建立了一个贵族政府,在军事方面,他建立了一个君主制度的政府。一个政府如果没有自己的武力,那它只有在得到君主欢心的时候才能维持住,而它就是一个不稳定的政府。这个政府结果也就完全是一个君主制度的政府了。

人们会怀疑奥古斯都是不是真的打算放弃大权。然而谁看不出来,如果他愿意这样做的话,他不是能做到这一点吗?整整十年奥古斯都要求从身上卸下这个担子,可是实际上他又总是不放下

来。从这一点来看，也可以知道这不过故作姿态罢了。他使用若干小手腕，这些小手腕使他获得了他认为还抓得不够的那些权力。我是从奥古斯都一生的经历得出这样的结论的。尽管人们都非常任性，但他们仍然很少在什么时候放弃他们在一生中经过周密考虑的东西。奥古斯都的一切行动，他的一切命令，显而易见目的是在于建立君主制度。苏拉放弃了独裁的大权；然而，在苏拉的一生中，甚至在他的残暴行为中，人们都看得到一种共和的精神。他的一切命令，尽管是执行得十分残暴不仁，结果总是在于保持某种形式的共和。急躁的苏拉用暴烈的办法把罗马人引向自由；奥古斯都这个狡猾的暴君却用温和的办法把他们引向奴役。在苏拉的统治之下，共和国恢复了自己的力量，但是大家却都呼叫着暴政；在奥古斯都的统治之下，暴政加强了，但是人们谈论的却只是自由。

使罗马增加了如此雄伟气象的凯旋的习俗在奥古斯都当政的时候消失了，或者毋宁说这种荣誉成了最高政权的一种特权。在帝国治下所产生的事物的大部分，都可以在共和国中找到它们的根源，而且是应当使它们相互接近的；在共和国，只有掌握战争的最高统帅权的人才有权要求凯旋：而现在既然皇帝是一切军队的首脑，那么便只有在他的庇护下，才能举行凯旋了。

在共和国时期，人们的原则是不断地进行战争，但是在皇帝们的统治下面，维持和平却成了行动的准则：人们认为胜利只会使军队找他们的麻烦，因为军队会由于胜利而要求过高的价钱的。

手里有一些军权的人们害怕做太大的事情，因此应当把自己的荣誉缩减到这样的程度，那就是：事情只能引起君主的注意，却又不使他嫉妒，还应当不在他面前过分显露光芒，使他不致因此目眩。

在给予罗马公民权的时候，奥古斯都是十分吝啬的。他制定法律，以限制人们释放过多的奴隶；在他的遗嘱里，他建议遵守这两条规则，并建议不用发动新战争的办法来扩充自己的领土。

这三件事相互间是有密切联系的：既然不再有战争，那么就不再需要新的公民和被释放的奴隶了。

当罗马不断进行战争的时候，它需要不断地补充自己的人力资源。在开始的时候，是从被征服的城市，把一部分的居民迁移过来；后来，比邻城市的许多公民也到这里来行使他们的选举权了。他们迁住到那里去的人数是如此之多，以致由于联盟者的申诉，常常不得不把这些人送回去；最后，从各行省也有大批大批的人前来。法律的规定对结婚很有利，甚至使结婚成为必需的事情。在一切战争中，罗马都获得极多的奴隶；而当罗马的公民们财富过多的时候，他们就到处购买奴隶，但是也大量地释放奴隶，这样做有的人是由于慷慨大度，有的人是由于贪婪，有的人则是由于心软：一些人是想报偿对自己忠实的奴隶；另一些人是想借着奴隶的名义取得共和国在贫苦的公民中间分配的粮食；最后，还有一些人则希望有许多戴着花冠的人参加他们的葬仪。人民几乎都是由被释放的奴隶构成的：因此，全世界的这些主人不仅是在开始的时候，就是在全部时期，大部分都是奴隶出身的。

在几乎都是由被释放的奴隶或他们的子孙构成的小民人数变成一种累赘的时候，人们便去开辟殖民地，这样他们就保持了行省对他们的忠诚。全世界的居民这样就进行了一次交流。罗马把奴隶接收进来，却把罗马人送了出去。

以选举时期所发生的某些骚动为借口，奥古斯都在城里设置一名市长和一支卫戍部队。他组织了不朽军团的队伍，把他们配置在帝国的边界，又专门拨出一笔钱来维持他们。最后他又规定老兵们取得的报酬是金钱，而不是土地。

在苏拉之后所进行的这种土地分配产生了不少恶劣的后果。公民的财产失去了保证。如果不把一个中队的士兵派驻到同一个地方去，他们就不喜欢移驻，结果土地没有人耕种，而士兵也就成了危险的公民：但如果士兵是按照军团分配的话，则野心分子在任何时期就都可以找到反对共和国的军队。

奥古斯都建立了常备的海军组织。在他之前，罗马人根本没有常备的陆军部队；与此相似，他们也没有常备的海军。奥古斯都的海军的主要目标是保证商业运输的安全和帝国各个部分之间的交通；因为从那时起，罗马人已经成了整个地中海的主人：在那个时候，人们也只有在这个海上来来往往，而且罗马人也没有任何可以害怕的敌人了。

狄奥尼西乌斯对下面这一点说得很好，那就是：自从皇帝们当政的时候起，历史就更加难写了：因为一切都变成秘密的了；行省的一切公文信件都送到皇帝的办公厅；人们能够知道的，只有暴君们的愚蠢和大胆所不愿隐藏的东西，或是历史家们所能猜想到的东西而已。

第十四章　提贝留司

就好像一条河流缓缓地、无声地冲刷着堤岸，而终于在一瞬间把它冲垮并把它所防护的田地遮盖住一样，奥古斯都时代的主权是不知不觉地起着作用的，但在提贝留司时代，它却猛烈地打乱了一切。

在罗马有一种尊严法(loi de majesté)，这种法律是针对着想危害罗马人民的人们的。提贝留司利用了这个法律，不过他不是用这个法律来对付原来规定的对象，而是用来对付他所憎恶的或不信任的一切人。受这个法律所管束的不单单是行动，而且有言语、表情甚至思想，因为在两个朋友之间相互倾诉的由衷之言是只能被视为思想的。在宴会上面于是不再有自由，亲戚之间也不再相互信任，奴隶中间也不再存在着忠诚。君主的伪善和阴郁感染了所有的人。友谊被看成是一种危险的暗礁；讲真心话被认作冒失的行为，美德则只不过是可以在人们心中引起回忆往日幸福的一种矫揉造作的表现罢了。

没有比在法律的借口之下和装出公正的姿态时所做出的事情更加残酷的暴政了，因为在这样的情况之下，可以说，不幸的人们正是在他们自己得救的跳板上被溺死的。

任何一个暴君都从来不缺少施行残暴统治的工具，提贝留司身边就总是有一批准备把他所怀疑的一切人判罪的法官。从共和国时候起，元老院这样一个机构从来不审理私人的事务，但它却由于人民的委托，审理联盟者受控的案件。提贝留司则要它审判一切他认为对他所犯下的大逆罪。这一机构因而犯下了难以形容的罪行：元老们争先恐后地作奴颜婢膝的表示；在谢雅努司的庇护之下，最显贵的元老就干着告密人的勾当。

我觉得我有好几个理由可以说明当时在元老院中如此盛行的这种奴才作风。在恺撒打败共和派之后，他在元老院中的朋友和敌人就同样地拼命取消法律对他的权力的一切限制，并且把过分的荣誉加到他的头上：一些人是力图取得他的好感，另一些人则想使他受到嫉妒。狄奥尼西乌斯告诉我们说，有几个人甚至建议他可以占有他所喜欢的任何妇女。这一点就使他丝毫不怀疑元老院，结果他自己也就被杀死在那里了。可是这一点还产生了另一种后果，那就是：在后来的皇帝的统治时期，从来没有一种没有前例的和可以引起愤慨的谄媚。

在罗马为一个人所统治的时期以前，罗马的首要人物拥有巨额的财富，他们为了取得这些财富而使用了各种各样的办法。但是在皇帝们的统治时期，他们几乎完全失去了这些财富：元老们不再拥有把大量的财富毫不吝惜地送给他们的那些大门客。当任命各个行省的副执政官（大约相当于我们今天的太守）的时候，他们的一切收入都要交给皇帝。尽管失去了取得财富的来源，一切开销却还保持着；生活方式没有改变，但是要有足够的钱来维持这种生活方式，就只有靠皇帝的恩典了。

奥古斯都取消了人民的公布法律和审判叛国罪的权力；但是他把选举高级官吏的权力给了人民，至少他作出了这样的姿态。提贝留司害怕这样多的人民的集会，因此他又把这样一项特权取消，而把它交给元老院，这就是说，交给他自己。但是人们很不容易相信，人民的权力的这种失坠把担任高级官吏的人们贬低到何等程度。当人民处理重要的职位时，拼命追求高级职位的高级官吏们不惜使用各种各样的卑劣手腕；不过这一切都被一种壮丽的外表掩盖着，因为他们为人民举行娱乐或宴会，或是把金钱和粮食分赠给他们：尽管动机是卑劣的，但是手段却总还有一些高贵之处，因为大人物总是应当用慷慨的赠与来取得人民的好感的。但是当人民不再有任何东西可给，而君主以元老院的名义掌握了一切职位的时候，人们就使用不正当的手段来请求和取得它们了：取得它们的必不可缺的手段是谄媚、卑鄙行径、犯罪。

然而，还看不出提贝留司有贬低元老院的意思：对于元老院这个机构的奴颜婢膝的倾向他是不满意的；在他一生中，他都不断地表示出对于这种情况的厌恶；但是他和大多数的人一样，他想把矛盾的事物融合到一起；他的总的政策和他个人的嗜欲根本是不一致的。他希望有一个自由的元老院，这个元老院要能够尊重他的统治；但是他又希望有这样一个元老院，这个元老院要能够在任何时候都使他的恐惧、他的嫉妒、他的憎恨得到满意的解决：归根到底，是一个政治家接连不断地向一个普通人让步。

我们已经说过，在过去，人民曾从贵族手里争得从自己人当中任命高级官吏的权力，这些高级官吏当然会保护人民，使他们不受人们会加到他们身上的欺凌和不正当的侵害。为了使他们能够行使这一权力，他们被宣布为神圣的和不可侵犯的。而且还规定，如果任何人用行动或是用言语侮辱了保民官，这个人立刻就要被处死刑。但皇帝们既被授以保民官的权力，这样他们也就得到了保民官的特权；而以此为根据，许许多多人就被处死了，那些告密者也就可以安安稳稳地干他们的勾当了。普利尼[①]说过，凡是不能加上其他罪名的人都可被控以大逆罪，因而任何人也就都可以被

① 老普利尼（23—79年），著名罗马学者和作家，《自然史》的著者，该书分三十六卷，这是一部有关生物学、植物学、宇宙起源论、地理学、人种志和其他科学的文集。

加上这样的罪名了。

不过我以为，在控告大逆罪的事件中，有一些并不是像我们今天所看到的那样荒谬可笑。我还不能够想象提贝留司把大逆罪加到一个人的头上，就因为这个人把皇帝的像和自己的房子一同卖掉；我也不能想象多米先下令处死一个妇女，就因为这个妇女在他的像前脱衣服；或者他下令处死一个公民，就因为这个公民在自己屋子里的墙上描绘了全部土地，如果这些行动在罗马人的心中引起同在今天人们心目中相同概念的话。我以为所以有这样的事情发生，部分是由于罗马政府的变化，在我们今天看到的无足轻重的事情在当时看来却是重大的。我是从下述的一点作出了这样的判断的：在今天我们看到这样的国家，尽管那里规定禁止为某一个人的健康而干杯，大家都不会把这样的国家看成是一种暴政。

我不应当放过任何可以使我们认识罗马人民的精神的东西。罗马人民是如此习惯于服从，如此习惯于认为他们的幸福完全有赖于他们的统治者，乃至在盖尔玛尼科司死后，他们表示出这样强烈的哀悼、悔恨和失望的情绪，而今天在我们这里是不再会达到这种程度的。从历史学家的记述中我们看到，在这样的情况下人们感到如此强烈、持久和不可抑制的悲哀，而这种感情绝不是造作的，因为全体人民是不会装模作样，不会谄媚，不会欺骗的。

罗马人民几乎是清一色地由被释放的奴隶或是由不从事手艺而仰仗着国家的钱养活的人所构成的，他们不再参加国事的管理，因而只能感到自己的无能了。他们感到很大的烦恼，就和感到自己的软弱而灰心丧气的儿童和妇女一样。他们的情况很糟糕，他们把自己的恐惧和期望都放到盖尔玛尼科司一个人身上；既然这个人被除掉了,他们当然就会感到绝望了。

对这些不幸感到最害怕的却是这样的一些人,这些人由于自己的贫困处境本应心中毫无牵挂,本应和安多洛玛克一道喊出:“愿上帝使我害怕吧”(Plût a Dieu que je craignisse!)。今天在那波里有五万人,这些人只是以野菜为食并且穿着褴褛的衣服。可是世界上这些最不幸的人们,却因为维苏威火山冒了很少的一点烟便吓得失魂丧魄:他们竟糊涂到害怕自己成为不幸的人呢。

第十五章　论从盖约·卡里古拉到安托尼诺斯的诸帝

继承提贝留司的是卡里古拉。在提到这个皇帝的时候,人们说,再也找不到一个更好的奴隶和更坏的主人了:这两种东西是紧密地联系在一起的。因为使人们在无限强大的统治权面前感到很大震动的心情,同样地使人们在自己得到这种权力时,也感到同样强烈的震动。

卡里古拉恢复了提贝留司所取消的民会,他还取消了提贝留司任凭一己的好恶而颁布的有关大逆罪的法令;从这里我们可以看到,坏的君主的统治的开始常常和好的君主的统治的结尾一样,因为对于在他前面的统治者的行为,他抱着一种矛盾的心情,因此他们所能做的都是别人出于美德才做的事情,正是由于这种矛盾的心情,我们受惠不浅,却也大遭其殃。

人们是不是得到了好处呢?卡里古拉取消了对大逆罪的控告。可是他却用军事手段把所有那些他不喜欢的人杀死了;受到这样待遇的不仅仅是皇帝所不高兴的几个元老而已；他的宝剑就悬在元老院的上面，说不定在什么时候把整个元老院一网打尽。

皇帝的这种恐怖的暴政是从罗马人的一般的精神状态当中产生出来的。由于他们突然受到了一个独裁政府的统治，而且他们在统治和被奴役中间又几乎找不到一种中间的东西，以致他们没有温和的风尚作为接受这一改变的准备：他们的气质仍旧是严峻的。罗马人所受到的待遇就和他们本身对待被征服的敌人一样，他们受到同样方式的统治。苏拉进入罗马的时候，和他进入雅典的时候是完完全全一样的：他使用了同样的国际法。在国家不知不觉地受到奴役的时候，即使没有法律，它们也还受到风俗习惯的统治呢。

剑斗士比赛接连不断地举行，这一点就使罗马人变得极其残酷：人们可以看到，由于格老狄乌斯常常亲自出席这样的比赛，他就越发变得喜欢流血的事件了。格老狄乌斯本是一个秉性温和的人，但他仍然做出了这么许多残暴不仁的事情，从这个例子我们可以看出，那个时代的教育和我们的时代是不一样的。

罗马人习惯于像对自己的孩子和奴隶那样地处理人类的本性，因而他们根本不能认识到我们称为人道的那种美德。如果不是习惯于对人类中这一部分可怜的人经常加以惩罚的话，那么我们的殖民地居民的那种残酷又是从什么地方来的呢？如果人们在平时的状态之下都是残酷的话，又如何能向他们期望温和和自然的正义呢？

在翻阅皇帝们的历史时，人们感到难以卒读的是：竟有无数的人被处死，就是为了要没收这些人的财产。在近代的历史中，我们就根本找不到类似的例子。就像我们刚刚谈过的那样，这当然是由于他们的性情比较温和，也是由于一种较有抑制作用的宗教；此外，现在也不再有那些搜刮了全世界的财富的元老家族可供剥夺。我们的为数不多的财富使我们得到这样一种好处，即我们的这一些财富比较有了保障：原来我们的这些财富是不值得使人们费那么大的气力来剥夺的。

人们称为平民（plebs）的罗马人民甚至不憎恨那些最坏的皇帝。自从他们失去大权并且不再从事征战的那个时候起，他们就变成了天下一切民族中最可恶的一个民族。他们认为只有奴隶才经营手工业和商业，而他们所领到的配给的粮食又使他们忽视土地的耕种：他们所习惯的是各种比赛和观览。当他们不再有保民官可以听从，不再有他们应当选出的高级官吏的时候，这些空洞乏味的东西对他们就成了不可缺少的，而闲散无所事事又增加了他们对这些东西的爱好。因此，正是由于卡里古拉、尼禄、孔莫都斯、卡拉卡拉的疯狂，这才使人民对他们的死亡感到惋惜。因为凡是人民所喜欢的，他们也都十分喜欢，他们用一切办法使人民从这些娱乐中得到满足，他们甚至参加这些娱乐；他们不惜把整个帝国的财富花在这样的事情上。当这些财富被耗尽的时候，人民便毫无惋惜之意地看着所有豪族的财富被剥夺，他们享受暴政的果实；他们单纯地在这上面得到享受，因为由于自己的卑贱，他们感到安全。不用说，这样的统治者是憎恨有财产的人的。他们知道，有财产的人是不会赞同他们的行为的；他们因循规蹈矩的公民的公开反对或沉默而感到愤怒，他们又在贱民们的喝彩声中陶醉起来，结果他们就以为社会的繁荣

要归功于他们的统治，只有别有用心的人才会挑剔这种社会的缺点。

卡里古拉在自己的残酷行为方面，是一个不折不扣的诡辩者；由于他同样地传了安东尼和奥古斯都的衣钵，他就说如果执政官们为纪念阿克求姆之役的胜利而庆祝的时候，他就要惩罚他们；如果他们不庆祝这一天的话，他还是要惩罚他们；在德路西拉死的时候，他命令把德路西拉奉祀为神明，但以哭泣为一种犯罪行为，因为她已经是一个神了，不过不哭泣也是一种犯罪的行为，因为她是元首的姊妹。

在这里应当提一提人间万事万物的流转无常。在罗马史上，人们看到这样多次的征战，看到这样多的流血，看到这样多被毁灭的民族，看到这样多伟大的事业，看到这样多次的凯旋，这样多英明、谨慎、坚决、勇敢的政策，征服全世界的计划是考虑得这样周密，执行得这样顺利，结束得又是这样圆满，可是结果又如何呢？结果不过是供五六个魔鬼用来过好日子罢了！怎么着！难道元老院消灭了这样多的国王，最后就是为着在以后受本国最混蛋的几个公民的最可耻的奴役？难道就是为了使自己所作的决定把自己毁掉！人们提高自己的权力难道就是为了更快地被推翻！人们拼命加强自己的权力，只不过是为了在后来看到一些侥幸的人物把它利用来反对自己罢了！

卡里古拉被杀死之后，元老院便集会想建立一种统治形式。正当元老院考虑这个问题的时候，有一些士兵进入宫殿企图进行劫掠。他们在偏僻的角落里找到了一个吓得发抖的人，这个人就是格老狄乌斯，他们就向他欢呼，把他拥戴为皇帝了。

格老狄乌斯最后消灭了旧秩序：原来他把审判权给予自己的官吏。马利乌斯和苏拉所进行的战争，其主要的目的不外是想解决这样一个问题：这一权力要属于谁，是属于元老还是属于骑士？可是低能的家伙一高兴就把二者的这种权力全给取消了：使全世界燃起了战火的一个争论就是以这样奇怪的方式收场了！

在共和国之后进行统治的君主，没有人比他的权力更加专制了：因为他拥有人民的全部权力，而人民则是不能限制自己的。在今天我们还可以看到，欧洲的君主当中，丹麦的国王要算是最专制的。

人民被贬低的程度并不次于元老院和骑士。我们已经看到，直到皇帝的统治时期，人民是如此的好战，以致在城里征集起来的军队刚刚列成战阵，就一直冲向敌人那里去了。在维蒂利乌斯和维司巴西安的内战里，成为野心家的掠夺品并且充满了怯懦的公民的罗马，是在迫近那里的第一批士兵的面前战抖的。

皇帝们所处的地位也并不更好一些：既然并不是只有一支军队才有权敢于拥戴一位皇帝，只要是一支军队选出某一个人来当皇帝，那么这个人就会和其他被推出来的人发生冲突，而那些人也立刻就会把他看成是一个竞争者。

这样看来，正如共和国疆域的广大对共和国政府成为致命因素一样，帝国疆域的广大又成了皇帝们生命的致命因素。如果他们需要保卫的只是一小块土地的话，那他们只要有一支主力军便够了，而且这支军队既然把他推戴出来，那他们是会尊重他们亲手造成的结果的。

士兵是依附于恺撒一家的，因为他保证了他们因革命而取得的一切权益。终于到了这样一个时候，在这个时候，罗马的显贵家族全部被恺撒的家族所消灭，而恺撒的家族本身也灭亡了（在尼禄身上）。人们曾不断推翻的民政权没有能力和军权保持均衡：每一支军队都想推戴自己的皇帝。

这里我们且拿各个时代作个比较。当提贝留司开始统治的时候，他岂不是从元老院得到很多好处吗？他知道，伊里利亚和日耳曼尼亚的军队发生了哗变；他于是满足了他们的某些要求；他认为元老院是可以处理其他的要求的，于是他把元老院的代表派到他们那里去。那些不再害怕权力的人，他们仍然是可以尊敬权威的。当人们告诉士兵们说，皇帝的孩子和元老院的代表在罗马的军队中要冒着何等的生命危险的时候，他们便后悔起来，甚至对自己加以惩罚。但是当元老院完全被贬低下去的时候，它的事例便不能感动任何人了。奥托在对士兵们发表的演说中谈到元老院的崇高时并不发生效力；维蒂利乌斯把最显贵的元老派出去和维司巴西安缔结和约也无济于事。把早已被剥夺的那种尊敬立刻都还给国家的各个阶层是根本不可能了。军队把这些使节看成不过是他们已经抛弃的一个主人的最卑劣的奴隶罢了。

在罗马人中间有这样一个古老的习惯，这就是凯旋者应当给每一个士兵几个狄那留。这本来是不算什么的。在内战的时候，人们增加了赏赐。还有一个时候，是把从敌人那里夺来的钱分给士兵；然而在这种悲惨的时期里，就把从公民身上拿来的钱分配了。即使是在没有军事胜利品的时候，士兵仍然要求分东西。这种分配只是在战争之后进行的。尼禄在平时也进行这种分配。士兵们也习惯于这样的做法了。因此他们对伽尔巴就颇有怨言，因为伽尔巴对他们说过，他只知道选择士兵，却不知道收买士兵。

伽尔巴、奥托、维蒂利乌斯一转眼就过去了。维司巴西安和他们一样，也是由士兵推选出来的。在他的全部统治时期里，他所想的只是如何把帝国重新建立起来：这个帝国曾连续为六个同样残酷的暴君所统治，他们几乎都是凶恶的，常常又都是低能的，除此之外，他们又都是浪费到不可理喻的地步。

继他之后统治的提吐司使罗马人民松了一口气。多米先却又是一个比他以前的一切统治者更加残酷或至少更加无情的新怪物；他所以这样，是因为他更加卑怯。

他最亲近的被释放的奴隶，而根据某些人的说法，甚至他的妻子，看到不管是在他表示的友谊中还是憎恨中他都同样使人觉得可怕，而且他的怀疑和他的加罪于人的行为又是没有止境的，于是他们就同他疏远了。在对他施行打击之前，他们想物色一个继承者，于是就选择了一个可敬的老人涅尔瓦。

涅尔瓦又认图拉真为义子，在历史上这可以说是最好的一个君主了。生在他所治理的国家里可以说是一种幸福。对罗马人民来说，没有更加幸运和更加光荣的人物了。这是一个伟大的政治家、伟大的统帅，他所有的是一颗使他做好事的善良的心，使他看到最好的事物的有见识的头脑，崇高、伟大、美好的灵魂；他的所有这一切美德，相互之间并没有不协调的情况：他又是最能尊崇人类的本性和表现神性的一个人。

他实现了恺撒的计划并且胜利地进行了对帕尔提亚人的战争。任何其他的人都会在这一征伐面前屈服的，因为在这一征伐中，危险永远是明显地摆在眼前，而后备的资源又是遥远的；在这一征伐中，必须取得绝对的胜利，而且即使在胜利之后，也无法保证本身的安全。

困难是在于两个帝国的地位和两个民族的作战的方法。本来可以穿过阿尔明尼亚开向底格里斯河和幼发拉底河的发源处。但那里是一片多山的和难以通行的地区，辎重也无法运到那里去；结果军队还没有到美地亚就有一半被歼灭了。本来可以穿过尼西比司，向南方更低的地区行进。但是那里有一片把两个帝国分割开来的可怕的沙漠。人们还可以走更低的地方，穿过美索布达米亚地区进行：但那就只得使军队穿过部分未经耕种、部分为水所淹没的地区了。由于在那里底格里斯河和幼发拉底河是从北向南流的，因而如果不离开这两条河流，就不可能深入内地，而在离开河流之后，又得冒着生命的危险。

至于这两个民族的作战方法，则罗马人的力量在于他们的步兵，他们的步兵是世界上最强的、最能坚持的，又是最有纪律的。

帕尔提亚人根本没有步兵，但是他们有一支精良的骑兵。他们离得远远地作战，不叫罗马人的武器挨上。投枪很难刺中他们，他们的武器是弓和可怕的箭。他们与其说是对陆军作战，毋宁说是围攻陆军。要想追击他们是徒劳无益的，因为对他们来说，逃跑也就是作战，他们是按照敌人接近自己的程度而退却的，而他们只把卫戍部队留在他们要防守的地方。当人们攻取这些防守的地方的时候，就非得把它们摧毁不可。他们故意把敌军附近的全部地方放起火来，为的是连草也不留给对方。最后，他们的作战方式几乎和今天同样地方的人们的作战方式一样。

其次，被率领去参加这一战争的伊里利亚的和日耳曼尼亚的军团却不适于进行这一战争：在自己的国家里习惯吃很多东西的士兵，几乎都死掉了。

因此，摆脱罗马人的桎梏这样一种任何其他民族都做不到的事情，帕尔提亚人却做到了。他们所以能做到这一点，并不是因为他们是不可战胜的，而是因为他们是不可接近的。

阿德里安放弃了图拉真所征服的土地，他把自己的领土限制在幼发拉底河这个界限。令人惊叹的是：在这样多次的战争之后，罗马人不过只失掉了他们不想要的东西；这就和海洋一样，海洋只有在自己后退的时候，才缩小自己的面积。

阿德里安的行为引起了很大的不满。人们在罗马人的圣书中读到，当塔尔奎纽斯想修建卡庇托留姆的时候，他发现最适当的地方已经被许多其他神的神像占去了：他于是自行占卜，看它们是不是愿意把地盘让给朱庇特。它们全都同意了，例外的只有玛尔斯神、青春神和边界神特尔姆。于是便有了宗教上的三种意见：玛尔斯的人民不把他们所占领的地方让给任何人；罗马的青春永远是不可战胜的；最后，罗马人的边界神永远不会后退：然而在阿德里安当政的时期，却还是发生了这样的事情。

第十六章 论从安托尼诺斯到普洛布司时期帝国的情况

在这个时候，斯多噶学派在帝国传播开来并获得了很大的影响。看来仿佛人类的本性曾努力从本身当中产生出这一令人惊异的学派，而这一学派又正好像是大地在日光从来照不到的地方产生出来的植物一样。

罗马人之所以有他们的一些最好的皇帝，这一点是要归功于这一学派的。任何人都不可能忘记第一个安托尼诺斯，特别是他的义子玛尔库司·奥列留司。人们谈到这个皇帝的时候，心中暗地里感到欢喜。人们在阅读他的传记的时候，是不能不受到感动的：传记使人产生这样一种印象，即由于人们对别人有最好的见解，因而对自己也就有了最好的见解。

涅尔瓦的智慧、图拉真的光荣、阿德里安的英勇、两个安托尼诺斯的美德都引起了士兵们的尊敬。但是当新的魔王们代替了他们的地位的时候，滥用军事统治权的行为就发展到不可收拾的地步；出卖了帝国的士兵杀死皇帝以便获得新的报酬。

人们说，有一个君主力图在十五年当中在他的国内消灭民政的管理，以便代之以军事的管理。对于这个意图，我不想作无益的论述：我所要说的只是，按照事物的本性而论，二百名卫士就能保卫君主生命的安全，并不需要八万人；更不必说，迫害武装的人民比之迫害没有武装的人民是更要危险的。

孔莫都斯继承了他的父亲玛尔库司·奥列留司。这个人是一个恶棍，他不仅放纵情欲，而且放任他的大臣和廷臣们为所欲为。使世人摆脱了这个家伙的人们把佩尔提纳克司安置到他的位子上面，佩尔提纳克司是一个可敬的老人，但是不久他就给近卫军士兵杀死了。

他们把帝国拿来拍卖了；狄迪乌司·茹利安得到了它，因为他对士兵作了慷慨的许诺：这就引起了世人的反感，原来，尽管帝国常常受到收买，然而却没有任何人拿它来做买卖。佩斯肯纽司·尼格尔、塞维洛司和阿尔比诺司被拥立为皇帝，而茹利安付不出他许诺下的巨额款项，结果就被他的士兵们抛弃了。

塞维洛司打垮了尼格尔和阿尔比诺司：他有一些伟大的品质；但是君主的首要的美德即温和，他却没有。

皇帝们的权力比我们今天的君主的权力更容易表现为暴君的权力。既然他们的地位是一切罗马高级官吏职位的总和，而他们是以皇帝为名的独裁官、保民官、副执政官、监察官、大僧正，并且在他们愿意的时候，又是执政官，因而他们常常主持赏罚事宜。这一点使人很容易怀疑他们所判刑的人们是受了他们的迫害，因为人民通常是依照权力的大小来判断滥用权力的行为的；可是，欧洲的国王是立法者，却不是法律的执行者，他们是君主，却不是法官，他们并没有会使他们遭到嫉恨的那一部分权力；他们把赦免权保留在自己手里，而把惩罚的权力委托给一些特殊的官吏去执行。

像提贝留司和塞维洛司这样拼命保持自己权力的皇帝太少了：但是他们却是以最可耻的方式被统治着：前者被谢雅努司，后者被普劳提安。

苏拉所实施的悲惨的放逐习惯在皇帝当政的时期还继续发生作用。如果要放弃这种做法，君主就必须是有一些道德的人；因为他的大臣和宠臣首先注意到的就是没收公民们的财产，于是他们就向他提起惩办的必要和仁慈的危险。

塞维洛司的放逐使尼格尔的许多士兵到帕尔提亚人那里去了；他们教给帕尔提亚人改善自己的战术，那就是不仅仅使用罗马的武器，而且还要制造这些武器。结果是使那些本来一般只满足于防守地位的民族，在这之后几乎永远是采取攻势了。

值得指出的是在这一连串不断发生的内战中，统率欧罗巴军团的人几乎总是打败统率亚细亚军团的人。在塞维洛司的历史里我们看到，他在阿拉伯不能攻克阿特拉市，由于欧罗巴军团的哗变，他不得不利用叙利亚的军团。

自从人们实施了在行省征兵的时候起，他们就感到这一差别了；军团之间的差别就同民族之间的差别一样，民族由于本性和教养的不同，他们作战的能力是并不完全一样的。

在行省实施的征兵还产生了另一种后果：通常是从军人当中选出的皇帝几乎都是外国人，有时还是蛮族；罗马不再是全世界的主人，但是它却必须接受万民的法律。

每一个皇帝都从自己的国家带来一些东西。它们或是关于品行的，或是关于风尚的，或是关于统治制度的，或是关于祭仪的：而海里欧伽巴尔甚至想把罗马的全部祭仪消灭掉，他想把罗马神殿中所有的神搬出来，以便把他自己的神放进去。

姑且不说神所选择的而又只有他自己才知道的秘密手段，单是这样一点就很足以促成基督教的确立了。因为对罗马帝国的居民来说不再有什么外来的东西，一切事物只要是皇帝愿意介绍过来，他们是完全能够接受的。

大家都知道，罗马人曾经把外国的神接受到自己的城市里来。他们是作为胜利者把它们带来的：他们在凯旋的时候把它们放在其他战利品里面。可是当外国人自己想把这些仪式介绍过来的时候，他们就立刻加以迫害了。大家还知道，罗马人有一种把自己的神的名字给予同它最相近的外国神的习惯。但是当外国的祭司们想要罗马人奉祀他们那些带着原来的名字的神的时候,他们就又不能容忍了。这一点就是基督教传播的巨大障碍。

人们应该称卡拉卡拉为人类的毁灭者,而不应该称他为暴君。卡里古拉、尼禄和多米先只限于在罗马为非作歹;但卡拉卡拉却使整个世界陷到水深火热之中了。

为了累积自己的极大的财富,塞维洛司在他长时期的统治期间横征暴敛,并且放逐了反对党的人们。

卡拉卡拉在刚刚统治的时候,他就亲手杀死了自己的兄弟盖塔,他花费了大量的金钱来在士兵面前遮盖自己的罪过,因为这些士兵是爱戴盖塔的,他们说他们是向塞维洛司的两个儿子而不是对一个儿子宣誓的。

君主们所搜刮的这些财富最后的结果几乎永远是十分悲惨的。为这笔财产所眩惑的继承者于是就腐化堕落了;如果它们不毁坏他们的心术的话,它们也要毁坏他们的智慧。他立刻想利用自己的权力大搞一通,不过他的这种权力是靠机会的,是不能长久维持的;这种权力是不自然的,它与其说是自然增强的,毋宁说是人为地吹嘘起来的。

卡拉卡拉增加了士兵的饷银。玛克里努司写信给元老院说,增加的这笔钱多到七千万德拉克玛。显而易见,玛克里努司所列举的数字是夸大了。我们拿我们士兵的饷银同其他全国性的开支比较一下,如果我们也是按照罗马人的同样比例的话,那我们将会看到,这个数目是很大的。

应当看一看罗马士兵所得到的报酬是什么。我们从欧洛修司的著作看到，多米先把士兵的饷银增加了四分之一。从塔西佗[①]著作中一个士兵的话里我们看到，到奥古斯都死的时候，饷银是十两铜。在苏埃多尼乌斯的著作里我们看到，恺撒把他当时的饷银增加了一倍。普利尼说，在第二次布匿战争的时候，饷银减少了五分之一。这样看来，在第一次布匿战争的时候，饷银大概就是六两铜了。在第二次布匿战争的时候是五两铜，在恺撒时期是十两，在多米先时期是十三两又三分之一。在这里我还打算再谈一谈。

当罗马共和国的家业还不大，每年作战而每年又取得战利品的时候，它是很容易应付军饷的开支的。但是在第一次布匿战争中，当它已经把手伸到意大利的境外，而且不得不进行旷日持久的战争和维持一支巨大军队的时候，它不举债就无法应付军饷了。

在第二次布匿战争中，饷银又减到五两铜；在这样一个时候减低并不会有什么危险，因为这时大部分公民都以接受饷银为耻，他们是愿意自费服务的。

佩尔赛的财库和不断送到罗马来的其他许多国王的财库使罗马停止了租税的征收。在公家和个人都很富足的时候，却一点也不增加每月五两铜的饷银，这种做法是很高明的。

尽管这份饷银有一部分是用粮食、衣服、武器来计算的，但它仍然是够用的，因为只有有财产的公民才服军役。

---

① 科尔涅留司(普布留司)·塔西佗(约55—约120年)，帝国早期的著名罗马历史家。塔西佗同情罗马的贵族政治，因而他反对罗马皇帝的专制主义，但同时他并不拥护共和制度。恩格斯称他为古代罗马贵族思想方式的最后代表者。他的著作《日耳曼尼亚志》有重大的意义，在这里记述了古日耳曼人的风尚和生活。恩格斯在《家庭、私有制和国家的起源》中曾利用过这一著作。

马利乌斯把没有任何财产的人编入了军队，后来的人也追随了他的榜样，结果恺撒就不得不增加士兵的饷银了。

在恺撒死后，这样的增加还在继续着，因而在希尔求司和庞撒担任执政官的时候，就不得不把租税恢复起来了。

多米先把饷银增加了四分之一，他这种软弱的表现给国家带来了巨大的损失。对国家来说，不幸的地方并不是在于产生了奢华的风气，而是在于人们因此超出了他们按常理所应有的最低生活要求。最后，卡拉卡拉又作了新的增加，结果帝国竟至陷入这样的一种地步，它没有士兵就无法维持，但是有了士兵仍然无法维持。

卡拉卡拉为了冲淡由于他杀死自己的兄弟而造成的恐怖感，就把他的被杀死的兄弟列入诸神的行列。使人感到惊异的是：玛克里努司对卡拉卡拉的做法也完全一样；玛克里努司把卡拉卡拉杀死之后，为了缓和近卫军士兵的情绪（原来卡拉卡拉对近卫军士兵非常慷慨，因此他的死亡使他们感到绝望），就给卡拉卡拉修建一座神殿，并且为了奉祀他而设置祭司（flaminlum）。

这种做法就使人们后来对他没有很大的恶感，使元老院不敢非难他，而他也就没有像孔莫都斯那样被当作暴君。其实，孔莫都斯在这一点上也并不比卡拉卡拉更应当受到这种待遇。

阿德里安和塞维洛司这两个伟大的皇帝，一个树立了军纪，另一个却使军纪松弛了。效果对原因的反应是十分灵敏的。在阿德里安之后统治的人们是幸福和平静的；但在塞维洛司之后，却是一片恐怖了。

卡拉卡拉对士兵十分慷慨大度。他很好地遵从了他父亲在临死时给他的忠告，那就是使士兵们富足起来，别的人则可以不管。

不过这一政策只不过对一个人的统治有利。因为他的继承者既然不能维持同样大规模的开支，很快地就会被军队所杀死：因此人们总是看到贤明的皇帝被士兵杀死，而邪恶的皇帝则死于阴谋，或者死于元老院的决定。

当一个完全依靠士兵的暴君一任他治下的公民遭受士兵的欺凌和掠夺的时候，这种情况是不会延续到他下一代去的。因为士兵们在民间胡作非为，他们甚至会使自己失掉自己的饷银。因此就需要考虑到重新建立军纪的问题，不过想这样做的人总是要以付出他的生命作为代价的。

当卡拉卡拉由于玛克里努司的阴谋而被杀死的时候，由于丧失了极度慷慨的国王而感到绝望的士兵们就推选了海里欧伽巴尔为皇帝。当海里欧伽巴尔只是耽于淫乐，完全不管他们，一任他们为所欲为的时候，他们就不再容忍他而把他杀死了。同样地他们又杀死了亚历山大，因为亚历山大想恢复军纪并说要惩罚他们。

这样看来，一个暴君与其说想保证自己生命的安全，毋宁说想取得犯任何罪行的权力，因此他死的时候就有一个不幸的优点，那就是他的继承者想做得好一些，可是仍旧是这样地在他之后死掉了。

在亚历山大之后，玛克西米努司当选为皇帝，这是第一个蛮族出身的皇帝。这个人以身材高大和体力强壮闻名。

他和他的儿子都是被他们的士兵杀死的。前两个戈尔地亚努司死在非洲。玛克西姆司、巴尔比诺司和第三个戈尔地亚努司是被杀死的。杀死了年轻的戈尔地亚努司的菲利普自己和他的儿子也被杀死了。代替他当选为皇帝的戴求司又由于伽路司的叛变而丧命了。

在这个世纪里人们称为罗马帝国的东西不过是一种不正规的共和国罢了。这种共和国有点像阿尔及尔的贵族政体，因为在那里拥有统治大权的军队决定立废人们称为戴伊(dey)的长官。可能这是一个相当普遍的规则，即军事统治在某些方面与其说是君主制的，毋宁说是共和制的。

人们不要认为士兵只是用他们的不服从和哗变来参与管理；皇帝们对士兵所作的演说在性质上归根到底岂不是同当日执政官和保民官对人民所作的演说一样吗？尽管军队没有一个专门集会的地点，尽管他们不是按照一定的方式行事，尽管他们并非总是冷静的，而是考虑的少行动的多，但他们岂不是全权掌握了国家的命运吗？一个皇帝如果不是一个残暴的、为了士兵的特殊利益而选出来的政府的大臣，那他又是什么呢？

当军队选第三个戈尔地亚努司的近卫军长官菲利普参加治理的时候，第三个戈尔地亚努司就要求把充分的权力授给他，但是他却没有得到这个权力；他向士兵发表演说，要他们两个人有同等的权力，可是他也没有做到这一点；他恳求把恺撒的头衔送给他，这一点也被拒绝了。他想担任近卫军长官，这个请求也遭到了驳斥；最后他请求保全自己的生命。军队利用自己的最高大权，作出了这些不同的决定。

罗马人起初所不知道的蛮族后来竟成了罗马人的累赘，他们终于在罗马人眼中成为可怕的人物。由于极不平常的情况，罗马竟如此彻底地消灭了一切民族，以致在它本身被征服的时候，仿佛土地为了摧毁它而产生出新人物来。

大国的统治者一般是很少有邻国可以作为他们的野心目标的：如果他们有这样的邻居，他们也早就用武力把它们吞并了。因此，这种国家的疆界就是海洋、山岳和大片的沙漠，而这些地方的贫困竟保证了它们的不受威胁。因此罗马人就让日耳曼人留在他们的森林里，让北方各民族留在他们的冰天雪地里；于是在那里保存下来，甚至又形成了一些民族，这些民族最后却把罗马人自己都征服了。

在伽路司的统治时期，后来变得更加著名的许许多多的民族蹂躏了欧洲。波斯人在侵略了叙利亚之后却离开了他们征服的领土，他们这样做只不过是为了保存他们的掳获物。

过去从北方来的蛮族大群现在不再出现了。罗马人的暴力使南方各民族退到北方去了。当抵御他们的力量能够维持住的时候，他们就留在那里不动，而当这支力量削弱的时候，他们就四面八方地扩散开来了。在几个世纪之后，又发生了同样的事情。查理大帝的征服和他的暴政使南方的各个民族再一次退到北方去：但是这个帝国一经削弱，他们就再一次从北方迁居到南方。如果在今天一个君主对欧洲进行了同样蹂躏的话，则被击退到北方并且寄居在世界边缘地带的各民族也就会坚持地留在那里，直到他们第三次泛滥欧洲并把它征服的时候。

当帝国后来在瓦列里安统治末期和他的儿子伽利安统治时期所发生的可怕的混乱到达极点的时候，人们可以看到三十个不同的争夺王位的人，他们大部分是相互残杀而死的，他们每个人的统治时期都十分短暂，而且他们都是被称为暴君的。

在瓦列里安被波斯人俘虏之后，他的儿子伽利安并不关心国家大事，而是任凭蛮族到处流窜；结果帝国处在同大约一百年后的西方相同的情况。如果不是幸而有一些使它免于覆亡的情况凑合到一处，那时它早就垮台了。

罗马人的同盟者帕尔米拉的国王欧迪那托司把侵略了几乎整个亚细亚的波斯人赶跑了。罗马城从它的公民当中集合了一支军队，这支军队打退了想劫掠它的蛮族。乘着六千只船渡海前来的一支人数极多的西徐亚的军队由于海上的船祸、穷困、饥饿和本身的庞大而毁灭了。在伽利安被杀死之后统治的是格老狄乌斯、奥列里安、塔西佗和普洛布司，这四个人十分幸运，他们竟然依次统治下去，并且把行将灭亡的帝国挽救了过来。

第十七章　国内的变革

为了预防士兵们不断的叛变行动，皇帝们于是同他们所信任的人结合起来共同统治。戴克利先借口国事繁重，因而他规定永远应当有两个皇帝和两个恺撒来统治。他认为，既然有四支主要的军队归治理帝国的人们统率，它们就会相互畏惧；而其他的军队既然没有足够的力量企图使它们的领袖成为皇帝，它们就逐渐地不习惯于选举他了。最后，恺撒这一职位既然永远处于从属的地位，则四人分掌以便保证国家的安全的政权只有在两个人而不是在四个人的手里时才可以充分行使。

但是对士兵们起更大抑制作用的还有这样的一种情况，那就是私人的和公家的财富都减少了，因而皇帝们不能再给他们以慷慨的赠赐。结果赠赐便不再适应选举新皇帝时所产生的危险。

此外，近卫军长官（就他们的权力和职位而论同我们今天的宰相差不多，他们可以任意杀死皇帝以便自己来代替他）的权力被君士坦丁大大地削弱了。君士坦丁使他们只担任民政的职务，而且把他们的人数从两个增加到四个。

皇帝们的生命开始更有保障了；他们可以死在自己的床上，而这一点好像使他们的性情缓和一些，他们也不再这样凶恶地喜欢流血了。但是，既然这一巨大的权力总要在什么地方超越自己的界限，于是人们就会看到另外一种暴政，不过这种暴政是比较隐蔽些罢了：这不再是杀戮，而是不公正的审判。这样的审判方式看来不过是为了使人们忍辱偷生而不致丧命而已。宫廷被统治和统治别人的办法是更加狡猾了，更加有办法了，也更加沉默了。最后，人们不再是大胆地计划一件罪行，不再是急于干出这一罪行，人们只是看到那些懦弱的人们所干的坏事和反复思考后才干下的罪行。

一种新的堕落行为出现了。最初的一些皇帝爱好享乐，这些享乐表现为一种柔弱的风气；他们不大同军人往来；他们比较闲散，比较听廷臣们的话，比较愿意待在宫廷里，比较不愿意管帝国的事务。

随着宫廷日益脱离帝国的事务，它的毒害也就越来越大了。人们什么都不讲了，要是讲也都只是用暗示的办法来表示一切；有巨大声名的人们毫无例外地受到了迫害，大臣和军官竟不得不总是按照这样一类的人们的意思去行事，这些人对国家并不能起什么作用，却又不许别人忠心耿耿地为国家服务。

最后，起初几个皇帝的这种平易近人的作风是唯一能使他们熟悉国事的因素，但是这种作风也彻底消失了。君主仅凭几名亲信的报告办事，而这几名亲信永远是狼狈为奸的，往往甚至在他们的意见好像有分歧的时候，他们实际上不过是在他面前干一个人的事情罢了。

许多皇帝之驻留在亚细亚和他们之一贯同波斯国王处于敌对状态，都使得他们想使自己受到同波斯国王所受到的一样的尊崇。戴克利先，别的人说还有伽列留司，就发出了敕令，要人们这样对待他们。

这种豪奢和亚细亚式的巨大排场一旦出现，不久它们就被人们所习惯了。而当茹利安打算在行动上表现得朴素和谦逊的时候，人们竟然把这种令人回想到古风的做法称为忘却身份。

尽管在玛尔库斯·奥列留司以后有几个皇帝统治着，但帝国仍然是完整的；在行省，人们既然承认他们所有的人的权威，这就是由许多人行使的一个统一的政权了。

然而伽列留司和康士坦司·克洛路司意见不合，他们实际上就把帝国分割开来了；由于后来被君士坦丁所追随的这个榜样（君士坦丁采用了伽列留司，而不是戴克里先的计划），结果就形成了这样一个习惯，这个习惯与其说是一种革命，毋宁说是一种变革。

而且，由于君士坦丁很想建立一座新的城市，由于他有这样一种想用自己的名字来给这座城市命名的虚荣，这种情况就使他决定把帝国的中心迁移到东方去。虽然罗马的城郭远不是像今天那样大，但它的四郊却是很广阔的。到处都是别墅的意大利，老实说，不过是罗马的一个花园罢了；在西西里、在非洲、在埃及的是农民，但是在意大利的却是园丁：土地几乎都是由罗马公民的奴隶来耕种的。但是当帝国的中心迁移到东方去的时候，罗马几乎就完全迁到这里来，高官们把自己的奴隶，也就是把几乎全体人民迁了过来；而意大利也就失去了自己的居民。

为了使新城市在任何方面都不比旧城市差，君士坦丁就想使这里也进行粮食的分配，于是他下令把埃及的粮食运到君士坦丁堡来，而把非洲的粮食运往罗马：不过在我看来，这样的做法并不是十分明智的。

在共和国时期，所有其他民族的主人罗马人民当然是要分到贡物的：这一点就使得元老院在开始的时候用低价把粮食卖给他们，后来就无偿地把粮食分配给他们了。当政府变成了君主政府的时候，这种办法虽然和君主制度的原则相抵触却仍然保持着：由于取消这种坏习惯会产生若干不便，于是人们就宁愿保留着它们而不加改变了。不过君士坦丁在建立一座新城的时候，是没有任何充分的理由来实施这种办法的。

当奥古斯都征服了埃及的时候，他就把托勒密的财库带到罗马来：这一点所引起的革命几乎等于后来印度（实际上是美洲——译者）的发现在欧洲引起的革命和某些制度在今天引起的革命。金钱的价格在罗马下跌了一半；既然罗马不断把亚历山大里亚（亚历山大里亚本身的财富又是从非洲和东方来的）的财富吸收到自己这里来，因而金银在欧洲成了最常见的东西；从而这种情况使得各族人民能够用硬币来缴纳巨量的税款。

但是当帝国被分裂的时候，这些财富就都到君士坦丁堡来了。而且大家知道，那时英国的矿山还没有被发现；在意大利和高卢，矿山也非常之少；而且在迦太基人以后，西班牙的矿山就没有开采过，或至少并不像先前那样十分丰富。意大利有的不过是被废弃的花园，因此它用任何办法也不能把金钱从东方吸引过来了。可是西方为了取得商品，却是要把金钱送到那里去的。于是黄金和白银在欧洲又成了极其稀罕的东西。但是皇帝们却想索取同样的那些贡物，结果就使一切都垮台了。

当政府有一种长久以来确定的形式，而事情还保有某种秩序的时候，则我们把一切保持原状几乎总是明智的，因为造成既成局面的常常是复杂而又无法知道的那些原因到现在会起作用；可是，当整个制度发生改变的时候，人们便只能防止表现在理论上面的困难，对于只能在实际中才表现出来的困难，却不去触动它了。

因此，尽管帝国的疆域已经十分广大，它的分裂却引起了它的灭亡，因为这一巨大躯体的很久以来便在一起的所有各个部分，都可以说，它们是相互适应得可以维持本身的存在并相互依赖着的。

君士坦丁在削弱了首都之后，又打击了边界的地区；原来他撤去了驻守在各大河流沿岸的那些军团，却把它们分布到各行省去了；这种做法有两种恶果：一种恶果是把阻挡了这样的多民族的栅栏拆除了；另一种恶果是习惯于看赛马和看戏的士兵变得懦弱了。

当君士坦丁把茹利安派到高卢人那里去的时候，茹利安发现莱茵河一带的五十座城市已经为蛮族所占领；行省受到劫掠；而留在那里的只不过是一支罗马军队的影子，原来罗马军队一听到敌人的名字就逃之夭夭了。

这个君主由于他的智慧，他的坚持，他的俭约，他的行为，他的勇敢和接连不断的英勇行动而把蛮族赶跑了。因他的名字而引起的恐怖，使他们在他活着的时候不敢轻举妄动。

统治时期的短暂，不同的政治派别，不同的宗教，这些宗教的一些特殊的宗派，使得我们对于这些皇帝的性格有一种极端不正确的概念。我想就这一点只举两个例子。在希罗狄安统治时期非常怯懦的这个亚历山大，在拉姆普里狄乌斯统治时期却是十分勇敢的。正统派如此称颂的格拉蒂安，却被披洛斯托尔戈拿来同尼禄相比。

瓦连提尼安比任何人都更懂得实施过去的计划的必要性；他毕生致力于防守莱茵河两岸地带，在那里征募军队，修建堡垒，配置军队并设法维持它。但是在世界上却发生了这样一件事情，这件事情使他的兄弟瓦连图斯不得不开放多瑙河，从而引起了十分可怕的后果。

在亚速海、高加索山和里海之间的地区，居住着许多民族，这些民族大部分是匈奴人或阿兰人；他们的土地极其肥沃，他们喜爱战争和打劫；他们几乎永远是生活在马上，或是生活在他们的马车上，并且在他们不能越出的土地上游浪；对于波斯和阿尔明尼亚的边境，他们确实是作了几次劫掠；但是里海的大门人们却很容易防守，要想从别的道路进入波斯那是不容易的。既然他们从来不认为他们能够越过亚速海，因而他们也就不知道有罗马人了；而当其他的蛮族蹂躏帝国的时候，他们却留在由于他们的无知而给自己划下的界限里。

有些人说，塔纳伊司河（今天的顿河——译者）带来的泥土在奇姆美利亚的博斯波鲁斯形成了一层外壳，而他们就从这层外壳走了过去；另有一些人说，两个年轻的西徐亚人追赶一只鹿，这只鹿越过了海峡，他们也就跟着过来了。看到了一个新的世界时他们是十分吃惊的；而在回到自己的国土之后，他们就把他们看到的新的国土告诉了本国的人们。而如果我们可以这样说的话，这正如他们发现了印度诸岛一样。

无数群的匈奴人立刻出动了；他们在自己的面前首先遇到了哥特人，于是他们就把哥特人赶跑了。看来这些民族就仿佛是一些紧跟着另一些涌了出来似的，因此压到欧洲身上的亚细亚就显得越发沉重了。

受惊的哥特人跑到多瑙河河岸的地方来，哀求允许他们避难。谄媚瓦连图斯的人们就抓住了这个机会，硬说这件事使他幸运地征服了一个新的民族，而这个民族将会保卫帝国和使帝国富足起来。

瓦连图斯下令要他们不带武器地过来。但是由于官吏受了贿，他们过来时是愿意带什么就带什么的。他下令把土地分配给他们。但是哥特人和匈奴人不同，他们根本是不耕种土地的。人们甚至连答应给他们的粮食也不给他们了，他们眼看就要饿死了。然而他们却是处于一个富庶的国土中；他们手里有武器，却受到不公正的待遇。他们把从多瑙河直到博斯波鲁斯地区都蹂躏了，他们消灭了瓦连图斯和他的军队，然后又回到多瑙河的自己的一面来，这不过是为了放弃被他们蹂躏得精光的土地而已。

第十八章　罗马人采取的新方针

好多次是皇帝们的怯懦，也常常是帝国的软弱，使得人们设法要用金钱来安抚有侵略危险的各族人民。然而和平是不能用金钱购买的，特别因为出卖和平的人是会迫使购买和平的人买第二次的。

与其用金钱来购买和平，那倒不如冒险进行一次不幸的战争反而好些；如果人们知道一个君主只有在长期的反抗之后才能被征服的话，那么人们是永远会尊敬这个君主的。

而且，这类金钱的赏赐变成了贡物；在先前它们是自愿的，但后来就变成强制的了：这种金钱的赏赐被看成是一种既得的权益。当一个皇帝拒绝把这种金钱的赏赐给予某些民族，或是减少它们的数目时，这些民族就会成为他的死敌。在成千的例子中只举几个：茹利安率领去迎击波斯人的军队在撤退时受到了阿拉伯人的进攻，因为他拒绝把已成为惯例的赏赐送给他们；在这之后不久，即瓦连提尼安当政的时候，由于送给阿拉曼尼人的礼物不像通常那样贵重，他们就恼火起来了；而懂得什么叫做荣誉感的北方民族就用一场残酷的战争来报复这种实际上根本不存在的侮辱。

在欧洲和亚洲包围了帝国的所有这些民族一点一点地把罗马人的全部财富耗尽了。过去所有国王的金银都被带到罗马人这里来，因此罗马人就强大了，同样地，当他们的金银被送到别人手里去的时候，他们就削弱下去了。

政治家们自己所犯的错误并不总是出于本意的。这些错误往往是由于人们所处地位而引起的无可避免的后果；一些困难产生了另一些困难。

大家已经看到，军队成了国家的一项沉重的负担。士兵们取得三种好处：一般的饷银，服兵役之后的赏赐和偶然的赠与，这种偶然的赠与对于手里把持着人民和君主的人们来说，常常就成了一种权利。

由于人们无法维持这样大的军队，这一点就使人们不得不设法征募一支开支较小的军队。罗马人和蛮族缔结了条约，因为蛮族不像罗马士兵那样奢侈，没有罗马人那样的气质，也没有罗马人那样的要求。

在这之外还有另外一种好处：由于蛮族是出其不意地进攻一个地方的，他们在作了出发的决定之后并不做任何准备工作，因而要想及时地在行省征兵是一件困难的事情。所以人们就得征募另外一支永远准备接受金钱、打劫和作战的蛮族队伍来对付敌人。他们就正是在这样的时候供人利用的；但是在后来，要安抚这样一支队伍，所费的气力并不比征服敌人小一些。

罗马人在先前绝不想使他们军队中的辅助队伍多于罗马自己的队伍。尽管他们的同盟者老实说都是他们的臣民，然而他们却根本不愿意使比他们自己更加好战的民族来做他们的臣民。

但是在后来，不仅他们不再遵守辅助军队的这种比例，他们甚至用蛮族士兵来补充自己的军队了。

这样一来，他们就形成了一种完全同使他们称霸世界的惯例相反的惯例。在先前，罗马人一贯的政策是保持战术并且不使他的一切邻人懂得战术，可是现在罗马人自己不学习战术，却要其他的民族学习战术了。

总而言之，这里就是罗马史的关键所在了：罗马人由于本身遵守的原则征服了所有的民族；可是当他们的目的一旦实现的时候，他们的共和国反而无法维持了。应当改变他们的统治制度，而在这新政府中所应用的、和先前的原则相矛盾的原则却把罗马的伟大搞垮了。

支配着全世界的并不是命运。这一点从罗马人身上可以看出来:当罗马人根据一种办法来治理的时候,他们一连串的事情都是成功的,可是当罗马人根据另一种办法来行动的时候,他们就遭到了一连串的失败。有一些一般的原因,它们或者是道德方面的,或者是生理方面的。这些原因在每一个王国里都发生作用,它们使这个王国兴起,保持住它,或者是使它覆灭。一切偶发事件都是受制于这些原因的;如果偶然一次战败,这就是说一次特殊的原因摧毁了一个国家,那就必然还有个一般的原因,使得这个国家会在一次战斗中灭亡。总之,一个总的基础是会把所有特殊的事件带动起来的。

我们看到,在差不多两个世纪里面,丹麦的陆军同瑞典的陆军作战时差不多总是吃败仗的。姑且不谈两个民族的勇气和军队的遭遇,在丹麦的军事或民政的管理当中必定有一种内在的缺点使它招致到这样的后果。我以为这种缺点是不难揭示出来的。

最后,罗马人又丧失了他们的军事纪律。他们甚至放弃了他们自己的武器。维吉秀说,士兵们认为这种武器太重了。他们得到皇帝格拉蒂安的允许不穿铠甲,后来索性连头盔都不戴了。这样一来,他们既然没有办法防御敌人的打击,结果他们只有逃跑这一条出路了。

他又说,他们失掉了在营地设防的习惯,由于这一个疏忽,他们的军队就成了蛮族骑兵的进攻对象。

在起初,罗马军队的骑兵是不多的:骑兵只不过是军团的十一分之一,常常更少于这个比例。使我们觉得惊讶的是,他们的骑兵比我们的骑兵要少得多，而我们却要围攻这样多的几乎用不上骑兵的城市。当罗马人衰落下去的时候，他们就几乎只有骑兵了。在我看来，一个民族越是精于战术，他们就越是利用他们的步兵，而他们越是不精于战术，他们就越是扩大他们的骑兵：因为，如果没有军纪的话，重武装或轻武装的步兵是什么事也不顶用的；可是骑兵甚至在混乱中也有用处。骑兵的作用更多的是在于它的敏捷和某种冲击；而步兵的作用则在于它的抵抗和某种稳定：这与其说是一种作用，毋宁说是一种反作用。最后，骑兵的力量是瞬间的，步兵的作用则是比较持久的；但是要它能够行动得持久，那就需要纪律。

罗马人所以能够号令一切民族，不仅仅是由于他们的战术，同时也是由于他们的审慎、他们的贤明、他们的坚持、他们对荣誉和祖国的热爱。当在皇帝的统治之下所有这些美德他们都没有的时候，他们还能保持着他们的战术，而正是仰仗着这种战术，尽管他们的君主懦弱而又残暴，他们仍能把他们已经征服的领土保持住；但是当军队本身都开始腐化的时候，他们自身就成了一切民族的瓜分对象了。

由军队建立起来的帝国需要军队来维持。当一个国家发生困难的时候，人们不能想象它如何能摆脱这种困难，同样，当一个国家安宁无事而它的威力受到人们敬畏的时候，人们也根本不会想到这种情况竟然会有所改变；因此一个国家如果根本无所求于军队并且十分害怕军队，则它就会忽略军队，甚至往往会设法削弱军队。

早期的罗马人把下面所说的情况看成是一项颠扑不破的真

理，即任何人只要他在战斗中离开自己的地位或是丢弃自己的武器，那么这个人就要受到死刑的惩罚。茹利安和瓦连提尼安在这方面恢复了过去的惩罚。但是为罗马人所雇用的蛮族则习惯于今日鞑靼人的作战方法，这就是他们逃跑，以便再度作战，他们通常与其说是为了荣誉，毋宁说是为了掳获物而战，因此他们是不能受制于这样的一种纪律的。

在起初，罗马人的纪律严格到这样程度，以致人们可以看到，他们的将领竟把自己那违背命令而取得了胜利的孩子处死。但是，当他们和蛮族混到一起的时候，他们就染上了一种构成这些民族的性格的独立精神；如果我们读一下贝利撒留对哥特人作战的历史，我们就可以看到，军官们几乎永远是不听从一位将领的话的。

苏拉和赛尔托留斯在极其残酷的内战中宁可死掉，也不愿意做那些会使米特利达特得到好处的事；但是到后来，当一个大臣或是某一个大人物觉得把蛮族放进帝国内部来时对他的贪欲、他的复仇、他的野心并非无益的时候，他立刻就把帝国交给他们，任凭他们掠夺了。

国家越是衰弱，它也就越发需要税收；因此，人们越是无法负担租税，租税也就越是要加重：结果罗马行省的租税很快地就变得无法忍受了。

在撒尔维安的著作里，我们会看到各族人民所受到的各种极其残暴的勒索。受到包税人的迫害的公民除了逃到蛮族那里去以外别无他法。否则他就得把自由交给任何一个愿意接受它的人。

在我们法国的历史上，这一点可以用来解释，为什么高卢人有这样的耐性来容忍这样一种会在贵族和平民之间建立难堪的区别的革命。蛮族在把这样多的公民变为农奴的时候，也就是说，把他们固定在土地上的时候，他们使用的办法，没有一个不是在他们之前的人们曾更加残酷地使用过的。

第十九章　阿提拉的伟大——蛮族定居的原因——西方帝国首先被击溃的理由

由于在帝国衰落下去的时期里基督教已大大传播开来，基督教徒于是就谴责异教徒，说这种衰落是他们的过错，但异教徒则把这种过错推到基督教身上。基督教徒说，戴克里先把帝国分给三个人和他一起统治，这样就毁坏了帝国，因为每一个皇帝都想维持奢侈的生活，都想拥有一支强大的军队，仿佛统治者只有他一个人一样。并且说由于收税的人数超过了交税的人数，负担变得如此沉重，以致农民放弃了土地，而土地也就变成了丛林。相反的，异教徒则一直不停地反对直到当时为止从未听说过的新宗教；就同过去在罗马的全盛时代，人们把梯伯河的泛滥、把其他的天灾都归之于诸神的愤怒一样，现在在垂死的罗马，人们也把这一切不幸归之于这种新宗教和古老祭坛的倾覆。

城市守卫官希玛柯在给皇帝们的一封信里谈到胜利祭坛的事情时，他引用一些人人都懂得的理由来反对基督教，这些理由对人们是有很大说服力的。

他说："除去使我们过去取得繁荣的经验之外，还有什么能使我们更好地认识诸神呢？从过去许多世纪的情况来看，我们应当对他们忠诚并且追随我们的祖宗，因为我们的祖宗就是追随他们的祖宗而得到了幸福繁荣的。想想罗马对你讲的什么话，它这样对你说：伟大的君主们，祖国的父亲们，尊敬我的那些年代吧，因为在那些年代里，我是始终遵守我的祖先的仪节的：这种祭仪使得整个世界服从我的法律；正是由于这种祭仪，汉尼拔被打出我的城壁，而高卢人被逐出卡庇托留姆。为了祖国的神我们才要求和平；为了当地的神我们才要求和平。我们绝不会进行那种只适于懒散人物的争论。我们要祈祷，可是我们不要求战争。”

三个著名的作家回答了希玛柯。欧洛修司编写他的历史就是为了证明，在世界上总是有一些巨大的灾难，会使当时的异教徒抱怨的。撒尔维安写了一部书，在这部书里他认为基督教的堕落，乃是招致蛮族的蹂躏的原因。而圣奥古斯丁[①]则要人们看到，天上的城和地上的城是有所不同的。在地上的城里，古代的罗马人由于某些人类的美德，取得了同这些美德本身一样虚幻的报偿。

我们已经说过，在开始的时候，罗马人的政策就在于把挡在他们前进道路上的一切强国分割开来；到后来他们却做不到这样一点了。对于阿提拉之征服北方的一切部落，他们不得不采取容忍的态度。阿提拉的势力从多瑙河一直扩张到莱茵河，他摧毁了人们在这些河流沿岸上所修筑的一切堡垒和工事，并且使两个帝国向他纳贡。

① 奥古斯丁（354—430年），主教，早期基督教神学家之一，新柏拉图主义的拥护者。他热烈拥护奴隶制度、私有制和社会的不平等。奥古斯丁宣传教会的世界统治。根据奥古斯丁的看法，历史是拥护基督教教会的人们和拥护“撒旦”的人们之间的斗争。

他蛮横无理地说："提奥多西乌斯同我一样，他也是一个十分高贵的父亲的儿子。但是他一旦向我纳贡，他便失去了自己的高贵，变成我的奴隶了。因此他不应当像一个狡猾的奴隶那样地陷害他的主人。"

在另一个地方又说："皇帝不应当是一个说谎的人。他曾经答应我的一个臣民把撒图尔尼洛司的女儿嫁给他。如果他不实践自己的诺言，我就对他宣战；如果他不能做到这一点，而人们竟敢于不服从他的命令，我就去帮助他。"

不应当认为，阿提拉留着罗马人是由于自己有节制。他是按照本民族的风俗习惯行事的，这就是，他要各民族从属自己，向自己纳贡，却不去并吞他们。住在普里司库斯给我们描写过的木头房子里的这个君主，是一切蛮族部落的领袖，在某种意义上又几乎是一切文明民族的领袖，他是历史上所提到过的伟大君主之一。

在他的宫廷里，人们看到东方罗马人和西方罗马人的使节，这些使节是前来接受他的法律或是请求他的宽大的。有的时候他要求人们把投敌的匈奴人或是逃跑的罗马奴隶送还给他。有的时候他希望人们把皇帝的某一个大臣交出来。他要东方帝国向他交纳两千一百斤黄金。他接受罗马陆军将领的薪俸。凡是他想给予报偿的人们，他就把他们派到君士坦丁堡去，为的是使这些人可以发财致富，他这样做对自己是有利的，这会使罗马人对自己经常保持着一种畏惧的心情。

他的臣民害怕他，但他们好像并不憎恨他。他特别高傲，同时却又是狡猾的；他发起怒来很凶，但是为了本身的利益也善于宽恕别人，或是延缓对他的惩罚；当和平能给予他足够多的利益时，他是绝不宣战的。而那些依靠他的国王是忠诚地为他服务的。只有他自己一个人保留了匈奴人的风尚的古代的纯朴。不过,在孩子们听到父亲们战勋的故事就激动起来,而父亲们由于自己不能模仿孩子们而流泪的地方,那里人民领袖的勇敢是难于赞赏的。

在他死亡以后,一切蛮族再度分化了。但是罗马人却衰弱到这种程度,以致最小的一个民族都能加害于他们了。

使帝国灭亡的并不是某一次的进攻,而是所有各次的进攻。在伽路司当政时期的全面进攻以后,罗马仿佛又恢复起来,因为它并没有丧失自己的领土;但是它却一点一点地从衰微走向覆灭,直到在阿加底乌斯和火诺利乌留斯时期,它就突然垮台了。

人们想把蛮族赶回他们自己的国土,但是没有成功。他们是自己回去的,为的是保全他们的掳获物。人们并没有能够把他们消灭掉。城市都被劫掠了,乡村都被烧掉了,家人都被杀死或是驱散了。

当一个行省被洗劫的时候,继之而来的蛮族看到里面再没有什么东西,就到另一个行省里去了。在开始的时候,受到劫掠的不过是色雷斯、米西亚、潘诺尼亚。当这些地方被蹂躏了以后,接着马其顿、帖撒利亚和希腊也都遭了殃。从那里又进入了诺立克人的国土。帝国,也就是有人居住的地区,是一天比一天地缩小了。意大利变成边界的国土了。

在伽路司和伽利安的时期,蛮族所以不移居到帝国里面来的原因就在于他们还有可以打劫的东西。

这样看来,当很像是帝国的征服者的诺曼人在几个世纪当中蹂躏了法国,而在那里再也找不到可以掠夺的东西时,他们就占领了一个完全荒废的行省并且把它瓜分了。

在这个时候西徐亚已经几乎全部荒废了，以致那里的民族常常受到饥馑之苦。他们所以能够维持生存，部分是由于同罗马人做买卖，因为罗马人从多瑙河沿岸的相邻各行省给他们带来了食物。蛮族用来交换的是他们劫掠来的东西、他们的俘虏、他们因同意和平而取得的金银。但是当人们给他们的贡物不够他们维持生活时，他们就不得不移居到帝国里面来了。

西方的帝国先垮台了：垮台的理由有如下述。

蛮族在渡过了多瑙河之后，在他们左面的是博斯波鲁斯、君士坦丁堡和阻止他们前进的东部帝国的全部兵力；因而他们就向右面，向着伊里利亚方面移转，并向着西方推进了。从那方面有一些民族像是退潮一样地迁移过来。进入亚洲的通路把守得比较牢固，于是他们就全部退回了欧洲。在伽路司当政之际第一次进攻的时候，蛮族的兵力就被分割开来了。

帝国既然在实际上被分割开来了，则同蛮族缔结了联盟的东方的皇帝就不愿意破坏联盟来帮助西方的皇帝了。普里司库斯说，行政管理方面的这种划分对西方的事务是十分有害的。因此，东方的罗马人就拒绝把一支海军给予西方的罗马人，因为他们同汪达尔人缔结了联盟。西哥特人同阿加底乌斯缔结了联盟之后就进入西方，而火诺利乌斯就不得不逃到拉温那去。最后，齐诺为了摆脱掉提奥多里，竟劝说他去进攻已经被阿拉里克所蹂躏的意大利。

在阿提拉同汪达尔人的国王根赛里克之间有一个十分密切的联盟。根赛里克害怕哥特人，他为他的儿子娶了哥特人国王的女儿，而后来却割掉他的儿媳的鼻子，把她送回去了。于是他就同阿提拉缔结了联盟。好像被这两个国王结合到一处的两个帝国不敢相互援助。西方的帝国的处境特别惨：它根本没有海军；海军都在东方的帝国、在埃及、在塞浦路斯、在腓尼基、在伊奥尼亚、在希腊这些地方。只有这些地方当时是从事商业的。汪达尔人和其他民族到处进攻西方帝国的海岸。普里司库斯说，意大利曾派遣一个使团到君士坦丁堡去，为了要他们晓得，如果不同汪达尔人取得妥协的话，他们是不可能维持住自己的。

治理西方的人们在政治上不是没有办法的。他们认识到，意大利是必须拯救的，因为从某种意义来说，它是帝国的头、帝国的心脏。蛮族被引入帝国的世界之后，就在那里受到了安置。计划想得很好，执行得也很好。这些民族不过是寻求给养来的，于是就把平原地带送给他们；但是山地、河流的渡口、峡谷、大河沿岸的要塞却仍旧保留在自己的手里；他们也并没有放弃国家的主权。而且看起来，这些民族竟然不得不变成罗马人。这些破坏者他们自身也很容易地被法兰克人、希腊人和玛乌列斯人所歼灭，从这件事情来看，也可以证明这个想法是正确的。这全部制度被一次比任何其他革命都更有宿命作用的革命推翻了。由外国人组成的意大利军队要求给予外国民族的那些东西也同样地给他们。在奥多亚克时期，它组成了一种贵族政体，这种贵族政体把持了意大利的三分之一的土地。而这就是对于这个帝国的一次致命的打击。

在这样多的不幸当中，人们以一种阴郁的好奇心探求着罗马城的命运。可以说，它是没有防卫的。它可以很容易地被陷入饥饿的境地。它的城墙很长，这一点就使他们很难防守它。既然罗马城是在平原上面，人们是很容易对它进行突击的。想在人民中间寻求后备力量是不可能的，因为人民的数目极度地减少了。皇帝们不得不退居到拉温那去，因为这座城在当时同今天的威尼斯一样，有海洋保护着。

几乎总是被自己的统治者所放弃的罗马人民开始自己做主了，他们为了保存自己而缔结了一些条约。这是取得统治权的一个最合法的办法。因此，阿尔莫利克和不列颠便开始依照自己的法律生活了。

西方帝国的结果就是这样的。罗马的兴起是由于它只能不停地作战，原来，仗着一种难以相信的幸运，它总是在征服了一个民族之后，另一个民族才对它开始战争。罗马之遭到毁灭是因为所有的民族一齐向它进攻，并且从四面八方侵入了它的土地。

第二十章 论查士丁尼[1]的征服——论他的统治

既然所有这些民族是乱七八糟地进入帝国的，他们相互间就干扰起来。而当时全部政策就在于使他们相互发生冲突：这一点是容易做到的，因为他们是凶恶而又贪欲的。在他们能够立定脚跟之前，就大部分相互残杀致死了。东方帝国所以还能多维持一

---

① 查士丁尼（483—565 年），拜占庭的皇帝。查士丁尼力图建立强有力的独裁政权，因而他对有势力的元老阶层进行斗争并试图限制大土地占有制的发展。官僚上层是皇帝政权的支柱。在查士丁尼时代，编纂了一部《国法大全》（*Corpus juris civilis*）。这是罗马法律的汇编。用恩格斯的话来说，它是建立在私有制之上的最完备的法律形式。

个时期，其理由即在于此。

而且北方本身受到了相当的消耗，人们看到它再也不能像先前那样提供大量的军队了，因为自从西哥特人和匈奴人的最初的几次进攻以来，特别是在阿提拉死亡以后，这些民族以及跟从他们之后而来的民族就进攻得不像先前那样有力量了。

当把兵力集中起来的这些部落分散为不同民族的时候，他们就大大地削弱了。他们分散在他们所征服的各个国土上面，这样他们自己就受到了攻击。

在查士丁尼想重新征服非洲和意大利，在他做了和我们法国人同样幸运地对西哥特人、布艮第人、伦巴底人和萨拉森人所做的一样的事情时，情况就是这样的。

当基督教也传布到蛮族中间去的时候，就某种意义来说，是阿利安教派在帝国占着统治地位。瓦连图斯把阿利安教派的教士派到蛮族那里去，这些教士就是他们的最早的一批使徒。然而，在他们的改宗和他们的定居帝国之间的这段时期里，这一教派就某种意义来说，在罗马人当中被消灭了：信奉阿利安教派的蛮族发现当地的全体居民都是正统派信徒，因此不能取得他们的好感；而皇帝们要想扰乱他们是很容易的。

而且，这些蛮族既不懂得攻城术，也没有攻城的才能，更没有办法守城，因此他们就无意于修整倾圮的城墙了。普洛科匹在他的著作中告诉我们，贝利撒留看到的意大利的城就是这个样子的。根赛里克破坏了非洲的城，而在西班牙后来也被维提撒弄成这个样子，他认为这样可以制服它的居民。

定居到南方各地来的这些北方民族，大部分不久就变得柔弱，不再经受得住战争的劳苦了。汪达尔人耽溺在享乐里;美味的菜肴、轻软的衣服、沐浴、音乐、舞蹈、花园、戏剧成了他们生活中不可缺少的东西。

玛尔柯斯说,从他们不再维持根赛里克经常在准备着的军队(根赛里克就是借着这些军队预防敌人的进攻并以进军的神速使世人惊叹的)的时候起,他们就不再使罗马人感到不安了。

罗马骑兵的射术是十分精湛的;但是哥特人和汪达尔人的骑兵却只能使用短剑和投枪,并且不能从远距离的地方作战。贝利撒留的成功,一部分就是由于这种区别。

罗马人,特别是在查士丁尼统治的时候,从匈奴人那里得到很多好处;帕尔提亚人也是匈奴人出身,作战方式也同他们一样。自从他们因阿提拉的失败和他的许多孩子分割他的领土而失去自己的强大力量以后,他们就成了罗马人的辅助军队,罗马军队中最精锐的骑兵就是由他们组成的。

所有这些蛮族他们相互之间是因自己的特殊作战方法和武器而互有区别的。哥特人和汪达尔人持剑作战时是可怕的力量;匈奴人则精于射术;苏汇维人是优良的步兵;阿兰人是重步兵;埃路勒人是轻步兵。罗马人从所有这些民族当中吸收适合于他们的需要的不同队伍,他们在对一个民族作战的时候,却有着所有其他民族的优点。

令人觉得惊奇的是,最弱的民族却是分布得最广泛的民族。如果我们从他们的征服这一点来判断他们的力量,那就大错特错了。在进行这些入侵的长时期中间,各蛮族或者毋宁说从他们中间分出来的大群人马摧毁了一切或是他们本身受到摧毁。这一切都要看具体情况而定；当一个大的民族被击溃或是被阻止住的时候，发现了未设防的土地的一群冒险家就会在那里进行可怕的蹂躏。哥特人由于武器差而在许多民族的面前吃亏，但是他们在意大利、高卢和西班牙定居下来了；由于自己的软弱而离开了西班牙的汪达尔人渡海进入非洲，在那里建立了一个伟大的帝国。

查士丁尼只能装备五十只船来对付汪达尔人。当贝利撒留登陆的时候，他只有五千名士兵。这是一次十分大胆的出征。过去列昂为了对付西哥特人，曾派出了一支由全部在东方征集的船只组成的舰队，舰队上的人员多达十万，但是他并没有征服非洲，却几乎断送了自己的帝国。

这些强大的舰队同庞大的陆军一样，它们从来没有胜利过。如果出征旷日持久的话，它们一般会把国家搞垮的，而如果它们遇到什么不幸，那它们既不能得到援助也无法得到恢复。如果它们的一部分受到损失的话，则剩下的部分就根本没有用了，因为为了使舰队作为一个整体来行动，战船、运输船、骑兵、步兵、军需品、最后不同的各部分都是必不可缺的。出征的迟缓总会使敌人能够做好相应的准备，此外出征很少能在适当的时候进行，它往往是在暴风雨的时候，因为这样多的事情几乎总是要比最初预定的时期迟好几个月才能准备好的。

贝利撒留入侵非洲；对他十分有利的一个条件是他从西西里取得了大量的给养，因为他同哥特人的女王阿玛拉松特缔结了一项条约。当他被派出去进攻意大利的时候，看到哥特人是从西西里取得给养的，于是他就从征服西西里开始了；他使他的敌人陷于饥馑，但他自己却一切东西都十分丰足。

贝利撒留攻克了迦太基、罗马和拉温那，并且把他所俘虏的哥特人和汪达尔人的国王送到君士坦丁堡去，人们经过非常长久的时期以后，看到古代的凯旋式又在那里恢复起来了。

在这个大人物的品格中，人们可以找到使他获得成功的主要原因。在按照早期罗马人的准则行事的这样一位将领的领导之下，组成了同古代罗马的军队并无两样的一支军队。

伟大的品德通常是隐蔽或是消失在奴役当中的；但是查士丁尼的残暴统治却不能压制这一精神的伟大和这一天才的卓越。

阉人纳尔塞斯也有助于增加这一统治的伟大。他既然是在宫廷中教养起来的，因而他就得到皇帝的更大的信任。原来君主们总是把他们的廷臣看成是他们最忠诚的臣民的。

但是查士丁尼的恶劣行径，他的浪费，他的迫害，他的掠夺，他的建设、改革、变革的狂热，他的计划的易变，由于长期的衰年而变得更加使人感到不快的、严酷而无能的统治——所有这些，都是同那些徒劳无益的成功和虚幻的光荣混合在一处的真正的不幸。

不是以增强帝国的实力为目的，而只是为了某些局部利益的这些征服，把一切都毁坏了。正当人们从事征战的时候，那些新的民族渡过了多瑙河、蹂躏了伊里利亚、马其顿和希腊；而波斯人在四次进攻当中，使东方受到了无可挽救的创伤。

这些征服越是进行得迅速，它们也越是不稳定：意大利和非洲刚刚被征服，就不得不再来征服它们一次。

查士丁尼娶了一个唱戏的女人，这个女人在长期的唱戏生涯中已放荡惯了：她把他制服到这样一种程度，以致在历史上找不到第二个例子。她不断地用妇女的癖好和任性干预事务，这样就糟蹋了最幸运的胜利和成功。

在东方，人们总是要娶许多妻子，为的是取消她们在我们这样气候的国家中对我们所具有的极大势力。但是在君士坦丁堡，只许有一个妻子的法律却给妇女以巨大的权力：这样的情况往往使统治变成软弱无力。

君士坦丁堡的人民永远是分成两派的："蓝派"和"绿派"。这两派是从观众在剧场中对某些优伶的不同程度的捧场而产生出来的。在跑马场里，穿着绿衣的驭者和穿着蓝衣的驭者争夺赏金。观众每个人都是热狂地参加到一派里面去的。

帝国的每一个城市都有这两派，它们按照城市的大小，这就是说，按照一大部分人民的闲散程度，相互间进行着不同激烈程度的斗争。

但是为了维护共和国的统治而永远需要的纠纷，对于皇帝的统治来说却只会有很大的害处，因为这种纷争只会使统治者易人，却不能使法律确立起来，不能制止滥用职权的行为。

袒护蓝派、对绿派却十分不公正的查士丁尼，刺激这两派之间的斗争，结果就加强了这两派。

它们甚至消灭了长官们的权力。蓝派根本不怕法律，因为皇帝保护他们不受法律的侵犯。绿派却不再尊重法律，因为法律不再能保卫他们。

友谊、亲属、义务、感谢的一切联系都被取消了；家庭与家庭相互火并起来；任何想犯罪的罪犯都加入蓝派，任何被劫的或被杀的人则属于绿派。

这样没有理智的统治还是最残酷的：皇帝不满足于一般不公

正地对待自己的臣民，即用极重的租税折磨他们，他还在他们的私事方面用各种各样的暴行糟蹋他们。

不用说，我是不相信普洛科匹在他的《秘史》中告诉给我们的一切的，因为在他的其他著作中对这个君主所作的冠冕堂皇的颂词削弱了他在上述著作中提供的证明，因为在这部著作中，他给我们把查士丁尼描写成一个最愚蠢、最残酷的暴君。

但是我承认，这两种情况使我比较倾向于相信《秘史》：第一种情况，这就在于它同这个帝国在查士丁尼统治的末期和他的继承者的统治时期所处的那种惊人的软弱情况更加适合。

另一种情况则是今天还保存在我们中间的一种纪念物。这就是这个皇帝的法律，在这些法律中，人们看到在几年当中法学里面所发生的变化，多于我们的王国近三百年来所发生的变化。

这些变化所关涉到的大部分都是非常无关重要的小事情，以致我们看不出有任何理由会使一个立法者作出这样的改变，如果不是《秘史》向我们解释了这些理由的话；而从《秘史》我们知道这个君主同样地出卖他的判决和他的法律。

但是对政府的政治情况最有害的是这样一个计划，他想出这样一个计划，原是打算在使他的宗教热诚完全不能冷静下来的情况之下，使所有的人在宗教的问题上意见趋于一致。

古代的罗马人由于容许各种各样祭仪存在，从而加强了自己的帝国。但是在后来，由于把那些并非主要的教派一个接着一个地取消了，而帝国也就变得什么都不是了。

这些教派是包括了整个的民族的。这些民族当中，有一些在他们被罗马人征服之后，却保存了他们旧时的宗教。撒玛利亚人和犹太人的情况就是这样。另一些民族则只是散布在一个地方：普里吉亚地方蒙丹的教派信徒就是这样；玛尼凯人、撒巴提安人、阿利安人则散布到其他行省中去。此外，还有一大部分农民还是信奉偶像的，他们顽固地信奉一种同他们本身一样粗陋的宗教。

查士丁尼用剑或是用法律摧毁了这些教派，因而使他们大为不满，结果查士丁尼竟然不得不把它们加以根绝，使许多行省变为荒地。他的本意在于增加正统派信徒的数目，结果他却只会使居民的人数减少了。

普洛科匹告诉我们说，由于摧残撒玛利亚人，巴勒斯坦变成了一片荒地。使人们感到惊讶的是这样一件事情，这就是由于宗教的过分热心，帝国的一部分削弱下去了，而正是通过这一部分地区，在几代的统治之后，阿拉伯人进来把它摧毁了。

特别引起了混乱的是这样一种情况，这就是皇帝对宗教的态度既然如此褊狭，可是他在最重要的一些事情上自己又同皇后不一致。他遵从卡尔西敦宗教会议的决定，皇后则庇护反对这一宗教会议的人们。埃瓦格尔说，他们这样做不知道他们是否真是这样想，还是有意欺骗。

当我们在普洛科匹的著作中，看他谈到查士丁尼的建设并看到他在各处修筑的卫戍地和要塞的时候，我们总会想到这是一个繁荣的国家，虽然这个想法是大错特错的。

在开始的时候，罗马并没有卫戍地。他们把他们的全部信任放在他们沿河驻扎的军队身上；在那里，每在一定间隔的地方都筑有塔楼以供士兵居住。

但是当人们只有坏军队的时候（常常甚至没有任何军队留下

来),边界不再能保卫内地,它就需要设防了。于是设防的地点比较多,但兵力却比较少了;逃避的地点比较多,但安全反而比较少了。田野如果没有要塞从四面保卫着也不再是安全的了,因而人们就到处修筑要塞。帝国所处的情况就同诺曼人时期法国的情况一样,那时的所有法国农村都给城壁包围着,因而它也就比任何时候都衰弱了。

这样看来,查士丁尼所修建的要塞的这全部名单(它们占了普洛科匹的著作的许多篇幅),只不过是表明帝国衰弱的纪念物罢了。

第二十一章　东方帝国的混乱

在这个时候,波斯人的处境比罗马人要好。他们不大害怕北方的民族(指匈奴人——译者),因为有一部分的陶洛司山把他们截开了(这段陶洛司山位于里海和黑海之间);他们不大害怕北方的民族,还因为他们守卫着由一个入口(指里海的入口——译者)所封闭的一条十分狭窄的通路,这是骑兵可以通行的唯一的地点。在所有其他的地方,这些蛮族则不得不下到深谷里去而放弃构成他们全部力量的骑兵;但是阿拉克斯河又挡住了他们的进路,这是一条从西向东流的深深的河流,要想保卫这条河不使敌人渡过来并不是一件困难的事情。

除此之外,波斯人的东面是受不到任何威胁的。在南方,他们面临着海洋。他们很容易使阿拉伯的王公之间保持一种纠纷的关系,因为这些王公相互间只是想劫掠对方。这样看来,老实说,只有罗马人才算是波斯人的敌人了。荷尔米司达斯的一个使节说："我们知道罗马人曾进行过许多次战争并曾几乎必须对一切民族作战；但是相反的，他们知道，我们却只能对他们作战。"

波斯人怎样设法改善战术，罗马人却就怎样忽视战术。贝利撒留对自己的士兵说："波斯人在勇气方面绝不会超过你们，但是他们比起你们来却有一个严守纪律的优点。"

在谈判当中他们也有和在战争中相同的优点。借口他们在里海入口的地方有一支卫戍部队，他们要求罗马人纳贡；就好像每一个民族都不应当守卫他们的边疆似的。他们为了和约、为了休战协定、为了停止军事行动、为了用于谈判的时间、为了在作战时所花费的时间，一律索取代价。

阿瓦里人渡过多瑙河之后，在大部分的时间里根本没有军队来对抗他们的罗马人正在对付波斯人，虽然，在这一时期他们是应当对付阿瓦里人的；而在他们到了应当对付波斯人的时候，他们却又不得不对付阿瓦里人了。结果他们又不得不纳贡。这样罗马的威严就在所有的民族的面前扫地以尽了。

查士丁尼、提贝留司和玛乌列斯竭力保卫帝国。后者有若干美德，但是这些美德却给一个伟大的君主几乎是不应当有的贪欲所玷污了。

阿瓦里人的国王向玛乌列斯建议赎回他们的战俘，代价是每人半块银饼；在遭到拒绝的时候，他便下令把这些战俘全部杀死。大为愤慨的罗马军队哗变了，就在这时候，绿派也发动了骚乱。一个叫做波卡司的百人团长被拥上了皇帝的宝座，波卡司下令杀死了玛乌列斯和他的子女。

希腊帝国的历史(以后我们就是这样称呼罗马帝国的)不外是一连串的叛变、骚乱和背信弃义的行为而已。臣民没有任何忠君的概念,而这种概念却是人们对君主所应当有的;皇帝们的继承竟然常常中断到这样的程度,以致"正统的"(porphyrogénète)这个头衔,也就是说诞生在皇后的分娩室中的婴儿成了一种突出的头衔,而各个皇族中只有很少的一些君主才能享有它。

为了取得帝国的统治权,什么办法都不惜使用:人们借着士兵、僧侣、元老院、农民、君士坦丁堡的人民、其他城市的人民而取得了皇帝的地位。

在基督教成了帝国的主要宗教以后,又相继产生了许多应当受到斥责的异端。阿里乌斯否认神的言语的神圣性,马其顿人否认圣灵的神圣性,聂斯托留斯否认耶稣基督的位(三位一体的位——译者)的统一,优蒂希斯否认他的两个本性,基督二性一意论者则否认他的两个意志。于是必须召开宗教会议驳斥这些异端的谬误:但是宗教会议的决定很快地就不能得到普遍的承认,于是许多受惑的皇帝又回到可诅咒的错误道路上面去了。而且既然没有一个民族像希腊人那样地对异教徒怀着这样强烈的憎恨(希腊人如果同一个异教徒谈话或是居住,他们就认为自己受到了玷污),结果许多皇帝失去了臣民对自己的拥戴;而各族人民也就习惯于认为,君主们既然这样频繁地违反神的意旨,因此上天是不会选择他们作为统治者的。

从不应当使基督教徒流血这样一个概念产生的意见随着伊斯兰教徒的出现而越来越普遍了。这种意见使得不是直接关系到宗教的那些罪行只得到轻微的惩罚:对于那些犯了反叛罪或是谋刺君主本人的罪过的人们，人们只不过是满足于用挖眼睛、割鼻子或头发，或是用什么其他方法把他们弄残废而已。结果做出这样事情的人可以不会遇到什么危险，甚至可以不需要什么勇气。

对于皇帝的豪华服饰的某种尊敬使得人们对那些敢于穿戴皇帝服饰的人们另眼相待。穿紫衣服或是家里藏有紫衣服的行为被认为是一种罪恶；然而一个人一旦穿上了紫色衣服，他立刻就有人追随，因为人们尊敬衣服，是甚于尊敬人的。

当时的一种奇怪的狂癖也刺激了这种野心，几乎没有一个大人物手里没有一个说他将会统治帝国的什么预言作为根据。

精神上的疾病是无法医治的，于是占星术和从器皿中的水里现出的形象来进行占卜的法术在基督教徒当中代替了随着异教而一同消灭的、用牺牲内脏和鸟飞占卜的方法。毫不负责的诺言成了个人的大部分轻举妄动的行动的动因，这种诺言就仿佛是经过君主的咨议院的慎重讨论之后才作出的那样。

帝国的灾难越来越深重了，于是人们很自然地倾向于把战争中的失利、把可耻和约的缔结归罪于统治者的恶劣行径。

革命本身产生了革命，而效果本身成了原因。希腊人看到这样多的不同家族相继坐在王位之上，所以他们并不拥护任何人；而既然命运把各种各样的人都变成了皇帝，因此任何出身卑贱的人，任何功劳微小的人都可以期望取得皇帝的地位了。

从人民当中产生的许多例子形成了他们的一般性格并且造成了风气，这种风气的统治力量是同法律同样大的。

在我们今天，要想实现伟大的事业是比古人更困难了。人们根本不能隐瞒这些计划，因为今天的交通在各民族之间是这样地频繁，每一个国王在每个国家的宫廷中都有自己的使节，而在每一个内阁中，都可以有自己的间谍。

邮政的创设使得新闻飞快传播出去，又从四面八方飞来。

伟大的事业没有钱就无法实现，而在发明了汇票之后，这些大事情又不得不完全依赖于商人，结果商人的业务常常就同国家的机密联系在一起；而他们也不惜用一切办法参与到这些事情里面来。

汇票行情的原因不明的变化使得许多人去探求它，并终于找到了原因。

印刷术的发明使所有的人都能够使用书籍了；版画的发明使地图变成了十分易得的东西；最后，报纸的创设使得每一个人都能洞晓公共利益之所在，从而能够更容易地弄清楚那些秘密事件的意义。

在邮政发明之后，公家可以控制一切私人的秘密，所以国内的阴谋事件就难于发动了。

君主们可以迅速行动，因为他们手里有国家的力量。阴谋者的行动必然是迟缓的，因为他们什么都不足。但是现在，一切事情却可以更加容易和迅速地被发觉，因而就在人们刚刚进行策划的短短时期里，阴谋就被发觉了。

第二十二章　东方帝国的软弱

在这种混乱的情况之下，波卡司是很不稳定的，海拉克留斯从非洲来，就把他处死了；他发现行省都遭到侵略，军团也被摧毁了。

他刚刚稍为纠正了这些灾难，阿拉伯人就从他们的国土出来传播穆罕默德一手创立的宗教，并且扩大了穆罕默德一手造成的帝国。

人们从来没有看到过这样迅速的成功：他们首先征服了叙利亚、巴勒斯坦、埃及、非洲并且侵略了波斯。

上帝允许使自己的宗教在许多地方不再是占主导地位的宗教，这并不是说他放弃了这个宗教，而是因为宗教不论是在荣誉里，还是在表面的屈辱里，它总是同样地可以发挥它那使人们圣化的天然作用的。

宗教的繁荣和帝国的繁荣是不同的。一位著名的作家[①]说，他是很愿意生病的，因为病是基督徒的真实状况。同样地，人们还可以说，教会的屈辱，对教会的迫害，教堂的摧毁，殉道者的受难，都正是它享受荣誉的时期。但是在世人的眼里，它取得胜利的时期，一般却是它的衰微时期了。

为了解释阿拉伯人征服了这样多的土地这件著名的事件，不应当把它只归因于他们的热情。在罗马和波斯的辅助军队里，萨拉森人长久以来是以勇武著名的。欧斯洛伊尼安人和他们乃是全世界的最精良的弓手。亚历山大·塞维洛司和玛克西米努司尽可能多地征募了他们，并且利用他们对日耳曼人取得了巨大的胜利，因为他们从远处就把日耳曼人打垮了。在瓦连图斯时代，哥特人经受不住他们的进攻；最后，在当时他们又是世界上最精锐的骑兵。

① 孟德斯鸠这里指的是法国著名数学家和物理学家巴斯喀（1623—1662年）。

我们已经说过，在罗马人当中，欧洲军团比亚洲军团要精锐。但是在骑兵方面，情况却恰恰相反。我所说的是帕尔提亚人、欧斯洛伊尼安人和萨拉森人的骑兵。他们挡住了罗马人的进攻，因为在安条库斯之后，一个新的鞑靼民族占有了上亚细亚，他们的骑兵是世界上最精锐的。

这一支骑兵是重武装的。欧洲的骑兵则是轻武装的。今天我们看到的情况则完全相反。荷兰和弗利斯兰可以说根本还没有造成；德意志到处都是森林、湖泊和沼地，在那里骑兵是无法施展的。

自从人们疏浚了大河的河道和疏干了这些沼泽地带，德意志的面貌就改变了。瓦连提尼安在涅卡尔河上修筑的工事同罗马人在莱茵河上修筑的工事有了很大的改变。在商业确立起来以后，在那些先前根本不产马的地方，人们开始养马并且利用它们了。

在海拉克留斯的儿子君士坦丁被毒死，而他的儿子君士坦又在西西里被杀之后，君士坦的长子留有胡须的君士坦丁继承了王位。东方行省的大官们集会；他们打算使他的两个兄弟也做国王；他们说，既然在天上是三位一体，那么有三个皇帝也是合理的。

希腊历史上有许多这样的特色。既然精神的贫弱成了整个民族的特色，那么在事业中也就不再有智慧了。人们看到了没有理由的骚乱和没有动机的革命。

一种普遍的迂腐迷信之风消灭了人们的勇气并且使整个帝国麻痹了。老实说，君士坦丁堡是东方以基督教为主要宗教的唯一地方。然而，亚洲各民族的这种卑怯、这种懒惰、这种委靡不振却是和虔敬本身混合在一起的。在成千的例子当中，我所要指出的只是，玛乌列斯的将领菲力披柯在做好了战斗准备的时候却哭了起来，因为他想到了在战斗中将有大量的人阵亡。

阿拉伯人流的眼泪却完全是另外一回事了，他们哭泣是由于一种精神上的苦恼：原来他们的将领缔结了一项休战协定，这个协定使他们不能肆意地杀戮基督教徒。

一支狂热的军队和一支迂腐的军队之间的区别是非常大的。在我们今天的一次著名的革命当中，我们也看得到这样的情形：克伦威尔的军队好像是阿拉伯的军队，而爱尔兰和苏格兰的军队则好像是希腊的军队。

一种粗陋的迷信怎样程度地贬低智力，也就怎样程度地提高了宗教，这种迷信把人们的全部美德和全部期待放到对于偶像的无知崇拜上面。因此为了取得遗骨，人们看到一些将领竟撤除包围并失掉了城池。

在希腊帝国的统治之下，基督教衰落到这样的程度，就好像近来它在彼得大帝的改革前莫斯科人中间的情况一样：彼得一世使这个民族复活了，并且在国内进行了这样多的改革，这些改革比征服者在他们所征服的国家内进行的改革还要多。

人们会很容易认为希腊人沾染上了一种圣像崇拜。人们并不怀疑那时的意大利人和德意志人不注意遵守外部的仪节；正当希腊的历史家们谈到上述的民族对于遗体和圣像的蔑视时，人们却认为这里所说的是我们的那些激烈反对喀尔文的教论家。当德意志人到圣地去而经过阿尔明尼亚的时候，尼塞达斯说阿尔明尼亚人是把他们当作朋友来接待的，因为他们并不崇拜圣像。但是，如果像希腊人所想的那样，意大利人和德意志人对圣像崇拜得不够，那么他们的圣像崇拜又到什么程度呢？

在东方可以说发生了几乎同大约二百年前在西方发生的革命相类似的革命，在那个时候，由于学术的复兴，人们开始注意到那种滥用职权和混乱的情况，而所有的人也都在寻求制止坏事的办法，于是大胆的和不驯服的人物就不是要改革教会，而是要搞垮教会了。

以扫里安人列昂、君士坦丁·科普洛尼姆和他的儿子列昂对圣像展开了战争。在皇后伊列娜恢复了圣像崇拜以后，阿尔明尼亚人列昂、口吃者米凯尔和提奥庇洛又把它废除了。这些君主以为只有消灭圣像崇拜才能够制止它。他们对于有害于国家的僧侣进行了毫不容情的斗争。他们做任何事情永远是采取极端的办法，因而他们就想用剑来根绝它们，而不是设法限制它们。

被具有新主张的人们斥责为圣像崇拜的僧侣们对他们进行了回击，斥责他们在玩弄魔术。他们向人民指出没有圣像、以至没有任何引起他们的崇拜的对象的教会时，总是力图要他们相信，这些教会的用意不外是要使他们成为恶魔的牺牲品而已。

正是下述情况使得关于圣像的争论变得如此激烈，并使得后来那些明智的人们竟不能设法提出一种温和的崇拜来，这一种情况产生的原因是，这一争论和需要慎重处理的事情联系着：这是一个权力问题；僧侣们在取得了权力之后，除非不断地使表面的仪节（他们本身是这种仪节的一部分）日趋繁缛外，是不能扩大或是维持它的。这一点就说明为什么反对圣像的战争永远是反对他们本身的战争，而圣像破坏者做到这一点的时候，他们的权力就不再有边际了。

于是就发生了同人们在几世纪以后看到的争论一样的事情；

而几世纪后的这一争论就是巴尔兰和阿金杜涅对僧侣的争论，它动摇了这个帝国，终至把它毁灭了。人们所争论的是：在塔波尔山上耶稣基督身边的光是创造出来的还是非创造出来的。其实僧侣根本就不关心二者到底是哪一种的问题，然而既然巴尔兰对他们直接进行攻击，这光必然就是非创造的了。

反对圣像崇拜的皇帝们对僧侣宣布的战争使得人们稍稍回到过去的统治原则上去，这便是人们把国家的收入用到社会上去，而国家后来也就摆脱了压在它身上的桎梏。

当我想到希腊僧侣使俗人陷入那种深深的无知状态的时候，我不由得要把他们拿来同西徐亚人相比较。根据希罗多德[①]的说法，他们挖掉了自己的奴隶的眼睛，为的是使奴隶专心工作，使奴隶在挤奶时不受任何阻碍。

皇后提奥多拉把圣像重新建立起来，可是僧侣又开始滥用人民的宗教虔诚了；他们竟然开始迫害甚至是俗家的僧侣了；他们占有了一切重要的地位，并一点点地使所有的神职人员都不能担任主教职位了。所有这一切都使僧侣受到憎恨。而如果人们把它拿来同拉丁的僧侣相比较，如果人们把教皇的行为同君士坦丁堡大主教的行为相比较的话，那么一方面是多么贤明，另一方面也就多么愚蠢。

这里就是人类精神上的一种奇怪的矛盾。早期罗马人中间的神职人员并没有从公民社会中被排除出来，而且可以在其中担任

① 希罗多德(约当纪元前 484—前 425 年)，古希腊历史学家，《希腊波斯战争史》的作者，他拥护雅典的奴隶制民主。如果对他的著作中的史料加以严格的批判，则这一著作是可以提供很多可信的民俗学材料的。

职务，但他们却不关心它的事务。当基督教确立起来的时候，同世俗事务更加隔离的神职人员，就稍稍地干预世俗的事务了；但是，当帝国陷于衰颓，只有僧侣才是神职人员的时候，这些由于一种特殊的誓愿而必须逃避和害怕世俗事务的人们，却利用一切机会来干预这些事务了。他们到处不停地激起喧骚并且扰乱他们已经离开的俗世。

任何国家大事，任何和约，任何战争，任何休战协定，任何谈判，任何婚姻，如果没有僧侣参加，就都不能进行。君主会议为他们所充斥，而人民大会也几乎都是由他们组成的。

人们很难想象这一切会产生什么样的恶果。他们削弱了君主的精神，使君主们甚至在做好事的时候都是很不谨慎的。正当巴吉尔要他的海军士兵给圣米凯尔修建教堂的时候，他却让萨拉森人掠夺了西西里并攻取了西拉库赛；而当他的继承者列昂把他的舰队用于同一目的的时候，结果又使萨拉森人占领了陶洛美尼亚和列姆诺斯岛。

安多洛尼克·帕列欧洛格放弃了海军，因为人们要他相信，上帝对于他争取教会和平的热心深感满意，以致他的敌人都不敢向他进攻。他害怕上帝会要他报告他用来治理国家的时间，而这段时间他是可以用于宗教事务方面的。

希腊人中伟大的演说家、伟大的辩士、生来的诡辩学家是一直不断地用各种矛盾来同宗教为难的。既然僧侣在宫廷有很大的势力（宫廷越是腐化，也就越是削弱），僧侣和宫廷就相互使对方腐化，结果双方全都变坏了：这件事所引起的后果是，皇帝们的全部注意力往往只是用来调解，但又常常激起神学上的争论，以致人们永远会看到，这些争论越是热烈，也就越是鸡毛蒜皮，毫无意义。

在米凯尔·帕列欧洛格统治时期发生过好多次宗教方面的争论。米凯尔·帕列欧洛格看到土耳其人在亚洲的可怕的蹂躏行为，就叹息着说，在斥责他的行为时发动他的臣民起来反对他的某些人的轻率的宗教热忱，使得他不得不尽一切努力来保存自己，不得不忽视那些遭受蹂躏的行省。他说："把这些遥远的行省交给它们的统治者去处理，我就感到满足了。他们不把那里的困苦情况告诉我，这或者是因为他们受了贿，或者是他们害怕受罚。"

君士坦丁堡的大主教权限很大。既然在人民骚动的时候，皇帝和国家的首要人物都躲到教堂里去，大主教可以依照自己的意愿使用权力，把他们交出去或是不交出去，因而他永远会在国家大事上起举足轻重的作用，尽管这种作用是间接的。

当年老的安多洛尼克要人告诉大主教，要他管教会的事务，而把国事的管理交给自己的时候，大主教回答他说："这就仿佛是身体向灵魂说：'我不想和你共有任何东西，我不需要你的帮助来执行我的职能。'"

君主们不能容忍大主教提出的那些无理的要求，因此他们常常把大主教废黜掉。但是在一个迷信的民族那里，这种情况会引起不断的分裂：因为这个民族对于他们认为是没有资格的大主教所执行的全部宗教职能是抱着憎恶态度的；任何大主教，老的、新的、最新的，都会有自己的信徒的。

这类的争执比人们在教条方面的争执要糟糕得多，因为每当有新的废黜大主教的事件发生时，就一定会有这样的争执出现，就像是难以根绝的九头蛇一样。

争辩的热忱对于希腊人是这样一件自然的事情，以致当坎塔库吉攻占了君士坦丁堡的时候，他竟发现皇帝若望和皇后安娜正在一次宗教会议上对僧侣的一些敌人进行论辩；而当穆罕默德二世围攻君士坦丁堡的时候，他都不能停止在神学方面的敌对关系。在那里，人们忙于佛罗伦萨的宗教会议甚于对付土耳其的军队。

在一般的争论中，既然每个人都觉得他可能会犯错误，因此顽强和固执还不是过分的。但是在我们的关于宗教的争论中，既然按照物质的本性每个人都认为自己的意见是完全正确的，因而当我们遇到那些不但不变更自己的意见、反而坚持要我们改变意见的人，就感到十分愤怒了。

在读到帕希米拉的历史时，人们可以看出神学家们从来不能、将来也不能以自己的力量调解他们的争论。在那里我们看到一个皇帝什么事都不做，只是召集僧侣，听他们的发言，调解他们的争执。在另一方面，人们又看到总是不断发生着毫无止境的争端。而我们知道，如果用同样的方法、同样的耐性、同样的期望、同样的愿望来结束争执，用同样的淳朴去对付他们的阴谋诡计，用同样的敬意对付他们的憎根，那么就是到了世界的末日，它们也是不会得到调解的。

这里是一个很值得注意的例子。由于皇帝的请求，大主教阿尔赛纽斯的拥护者和大主教约瑟夫的拥护者缔结了一项条约，条约载明，双方都把他们的主张各自写在一张纸上，然后把这两张纸投到火钵里去。如果二者当中有一张仍然完整无缺的话，那么这种意见就要奉行了。如果二者都烧掉了的话，那么他们就得放弃他们的争论。火把两张纸都烧掉了：结果双方合并了，不过和平只维持了一天；在第二天，他们说他们的转变应当决定于内心的信念，而不应决定于机会。结果战争重新开始，而且比先前更加激烈了。

人们应当对神学上的争论给以巨大的注意；但是人们应当尽可能地把这种注意掩盖起来，因为人们如果过分表示要努力调解他们的争执，就永远会抬高他们的身价，使他们觉得，他们的思想方式竟然这样重要，以致会决定国家的安定和君主的安全。

人们不能用处理细微区别的办法来结束他们的争执，就仿佛人们用建立起学校来仔细研究荣誉问题的办法并不能消灭决斗一样。

希腊的皇帝们都是这样鲁莽的人们，以致当争执平息下去的时候，他们偏偏又发疯地把它们重新激动起来。阿那斯塔西乌斯、查士丁尼、海拉克留斯、玛努埃尔·康姆尼努向他们的僧侣和他们的人民建议研究宗教信仰方面的争论问题。不过即使他们说出了真理，僧侣和人民也不会承认皇帝们的意见是对的。因此，既然皇帝们在形式上永远犯错误而在本质上又往往犯错误，既然他们想要人们看到在人们委托给他们的其他许多事情上他们这样明显地表现出来的洞察力，因而他们就引起有关神的本质的空虚争论：学者们由于本身的骄傲，他们是无法探索到神的本质的，而且对于世上的大人物来说，它也并不是更容易被看到的。

如果认为世界上存在着在各方面都能为所欲为的人间权力，

那是一个错误的想法。这样的人间权力从来不曾有过，将来也绝不会有。最大的权力在某一方面永远是会受到限制的。当大君把一项新税加到君士坦丁堡头上的时候，到处发出的呼喊声立刻使他发现他先前不曾看到的界限。波斯的一个国王可以容易地迫使一个儿子杀死自己的父亲，或是迫使一个父亲杀死自己的儿子；但是要迫使他的臣民饮酒，这一点却办不到了。每一个民族都有一种总的精神，而权力本身就是建立在这一精神之上的：当这个民族侵害这一精神的时候，它自己就受到了侵害，结果必然就停顿不前了。

希腊人一切灾难的最有害的根源就在于，他们从来不知道教会权力和世俗权力的本质和界限：这种情况就使得人们从这一方面和从另一方面都不断地陷入迷误的境地。

作为人民的安定的基础的这一伟大区别不仅仅是建立在宗教上面，而且还建立在理性和自然上面。而理性和自然则要求，实际上分开而且只有分开才能够存在的事物是永远不能混在一处的。

尽管在古代罗马人中间，僧侣并不是一个单独的集团，但是同我们这里一样，人们对这一区别也是知道得很清楚的。格老狄乌斯把西塞罗的住宅奉献给自由，但西塞罗在从流放中返回时，要求收回自己的住宅：僧正们决定，如果这所住宅不是根据人民的确实的命令而奉献的，那么这就没有亵渎宗教，可以把它还给原主。西塞罗说："他们宣布说，他们只考虑奉献是否合法，却不考虑人民的立法。他们以僧正的身份考虑第一点，却以元老的身份考虑第二点。"

第二十三章　东方帝国持久的原因——它的灭亡

在我刚才谈到的有关希腊帝国的一切之后，人们自然会问，它怎么能够维持得这样长久。我想我是可以为它举出若干理由来的。

阿拉伯人在进攻帝国并且征服了某些行省之后，他们的领袖却在哈里发(califat)的问题上相互争吵起来了；于是他们宗教热忱的最初的火焰就只能变成内部的混乱了。

同样是那些阿拉伯人在征服波斯之后，就陷于分裂或是削弱下去了，因此希腊人就没有必要使他们的帝国的主力驻扎在幼发拉底河上了。

一个从叙利亚来到君士坦丁堡的名叫卡里尼柯的建筑师发现了人们用管子喷射的一种火焰的成分，对于这种火、水和所有其他一般用来灭火的东西都只会加强它的火焰：而利用这种火的希腊人则在许多世纪当中能够烧掉他们敌人的全部舰船，特别是阿拉伯人的舰船；因为阿拉伯人曾从非洲或叙利亚前来进攻希腊人，直到君士坦丁堡地方。

这火被认为是国家的秘密；而正统的君士坦丁在他写给他的儿子罗曼的一部有关治理帝国的事情的著作里警告他的儿子说，当蛮族向他要求希腊火的时候，他应当回答他们说，是父亲不允许他把希腊火给他们的，因为把火带给皇帝君士坦丁的天使不许他把它送给其他民族，而敢于这样做的人们在他们进入教堂的时候是会给天火烧死的。

正当一方面的哥特人诸民族和另一方面的阿拉伯人在所有其他地区摧毁了商业和工业的时候，君士坦丁堡却掌握了世界上最大规模的和几乎是唯一的商业。丝织业从波斯迁移到那里去了；而自从阿拉伯人进攻以来，在波斯本土丝织业已无人问津了；而且希腊人还掌握了海洋。这一点使国家获得了巨大的财富，从而也就获得了巨大的资源；帝国刚刚得到了一些喘息，人们立刻就看到国家又繁荣起来了。

这里是一个很显著的例子。年老的安多洛尼克·康姆尼努是希腊人的尼禄；但是，尽管他有种种的缺点，他却有一种可羡慕的不屈不挠的精神来防止大官们的不正当的行为和勒索行为，因此人们看到，在他统治的三年当中，许多行省又得到了恢复。

最后，居住在多瑙河沿岸一带的蛮族定居下来之后，他们变得不那么可怕了，而且还成了阻挡其他蛮族的一道栅栏。

因此，在帝国由于治理得不好而趋衰弱的时候，却有一些特殊的理由使它不致灭亡。这就好像我们今天看到欧洲的某些民族尽管衰弱却能由于印度（指美洲——译者）的财库而得以维持住一样；教皇的世俗领地的得以维持，是因为人们对于君主的尊敬；而巴巴里的海贼船的得以维持，是因为他们妨害了小国的商业，但是使大国得到了好处。

土耳其帝国今天的衰弱情况几乎同过去希腊人的帝国的衰弱情况一样，尽管如此，它还是会长久维持下去的：原来，如果有某一位君主在进行征服，从而使这个帝国遭到危险的时候，欧洲的三个商业强国对本身的利益是知道得十分清楚的，因而它们就会立刻起来保卫它。

上帝允许世界上的一些民族不得到任何利益地领有巨大的帝国，这正是这些民族的幸福。

在正统的巴吉尔统治的时候，阿拉伯人的实力在波斯被摧毁了。在那里统治的撒姆布拉埃尔的儿子穆罕默德从北方召集了三千名土耳其人前来增援。由于他们引起的某种不满情绪，他派出一支军队去对付他们；但是他们却把这支军队驱散了。对自己的士兵感到愤怒的穆罕默德于是下令要他们穿着妇人的服装来见自己。但是他们却同土耳其人勾结起来，土耳其人立刻向守卫着阿拉克斯河河上桥梁的卫戍部队进攻，给他们那为数极多的本国人打开了一条通路。

在征服了波斯之后，他们就在帝国的土地上从东方向西方扩张。试图阻挡他们前进的罗曼·狄奥根尼被他们俘获了。他们征服了希腊人在亚洲的几乎全部领土，直到博斯波鲁斯地方。

过了一些时候，在亚列克赛·康姆尼努的统治时期，拉丁人又进攻东方了。很长的一个时期，一种不幸的分裂使这信仰两种仪节的民族中间存在着难以和解的仇恨。如果意大利人不是较多地考虑抵抗他们所害怕的日耳曼皇帝，较少地考虑他们只是憎恨的希腊皇帝的话，则它是会爆发得更快些的。

在这样的一些情况之下，突然在欧洲普遍流行着这样一种宗教意见，即耶稣基督诞生和受难的地方已被不信教的人们所玷污，而洗刷罪恶的办法就是拿起武器来把他们从那里赶走。在欧洲到处都是喜欢作战的人们。这些人有许多罪过要赎偿。人们向这些人建议依照自己的主导的热情来赎罪：于是所有的人就拿起了十字架和武器。

十字军来到东方就包围了尼凯亚并把它攻占下来了。他们把这个地方还给了希腊人。正在异教徒惊惶失措的时候，亚列克赛和若望·康姆尼努把土耳其人一直赶到幼发拉底河地方。

但是希腊人从十字军东征中无论能够取得多大的利益，却没有一个皇帝在看到他的领土上有这样勇猛的英雄和这样大量的军队相继通过时是不因危险而感到战栗的。

于是他们就设法使欧洲讨厌这样的出征。十字军到处发现有出卖和叛变的行为以及一切可以期待于一个胆怯的敌人的事情。

应当承认，开始了许多次出征的法国人丝毫不想使自己成为受欢迎的人物。通过安多洛尼克·康姆尼努对我们的嘲骂，我们看到实际上在一个外国民族中间我们是毫不拘束的，而我们当时的缺点也正是人们今天谴责我们的那些缺点。

一个法国的伯爵想自己登上皇帝的宝座；但是包杜安伯爵抓住了他的胳膊，对他说："您应当知道，人们在什么地方，就应当随着什么地方的风俗。"他回答说："这是一个真正的好汉子，他坐在这里，却有这样多的将领站着！"

随后到来的德意志人是世界上最优秀的民族，他们由于我们的轻率鲁莽而吃了很大的苦头，他们到处都遇到了我们所挑唆起来的反感。

终于这种憎恨达到了最高峰。对威尼斯商人的某些侮辱性的待遇、野心、贪欲、虚伪的宗教热情促使法国人和威尼斯人对希腊人发动了十字军远征。

他们发现希腊人衰弱到这样的程度，就同鞑靼人今天发现中国人所处的情况一样。法国人嘲笑希腊人的纤丽的衣服：他们穿着染得很华美的衣服走在君士坦丁堡的大街上。他们手里拿着墨水瓶和纸张，用来嘲笑这个不再从事军事演习的民族。在战争之后，他们拒绝把任何希腊人接受到自己的军队里面来。

他们占领了西方的全部地区并且选举佛兰德尔的伯爵为皇帝，他的领地的遥远使他无法给意大利人惹什么麻烦。希腊人有山把自己同土耳其人隔离开来，又有海把自己同拉丁人隔离开来，这样他们就在东方维持住了。

拉丁人在进行征服的时候并没有遇到任何阻碍，可是在他们想据有已经征服的土地时却遇到了无数的困难；希腊人从亚洲重新进入欧洲，他们重占了君士坦丁堡以及几乎整个西方。

但是这个新的帝国不过是先前的帝国的幻影罢了。它没有可以使国家复兴的任何资源；也没有任何力量。

在亚洲，它只拥有位于美安德尔河和桑伽里河这一面的行省。欧洲的行省大部分都被分成了小块的领土。

而且，在拉丁人占有君士坦丁堡的那六十年当中，被征服的人们分散到各地去，可是征服者又从事征战，结果商业全部转到意大利各城市手里，而君士坦丁堡也就丧失了它的财富。

甚至内部的商业都是由拉丁人来经营的。重新恢复起来并且见了什么都害怕的希腊人想同热那亚人妥协，他们把免税贸易的自由给予热那亚人；根本不愿意缔结和约，但是愿意缔结一些休战协定的威尼斯人，仗着希腊人不愿向他们惹是生非，也就什么税都不纳了。

尽管在君士坦丁堡陷落以前玛努埃尔·康姆尼努使海军衰败

下去了，可是既然商业还维持着，人们就可以容易地把它重新建立起来；但是，当在新的帝国里人们完全放弃了海军的时候，这个缺陷就没有办法弥补了，因为帝国越来越无能为力了。

治理着许多岛屿、被海所分割并且在许多方面被海所围绕的这个国家，根本没有舰队航行全国各地。各个行省之间无法来往；各族人民不得不更深入地逃到内地去，以躲避海贼的侵扰；而当他们这样做的时候，人们却又命令他们躲到堡垒里面去，以免遭到土耳其人的毒手。

土耳其人当时对希腊人进行了一场十分奇特的战争。老实讲，他们是来捉人的；为了进行劫掠，他们往往要穿行二百哩路程。既然他们是由许多苏丹分别统治着，人们就不能用赠送礼物的办法同他们所有的人缔结和约，而同他们中间的一些人缔结和约是无济于事的。他们都是穆罕默德的信徒，宗教的热情特别有力地促使他们蹂躏了基督教徒的土地。此外，他们是世界上最丑恶的民族，他们的妇女也同他们一样地可怕；自从他们看见了希腊的妇女以后，就再也不能容忍其他的妇女了。这一点就使他们不断地诱拐希腊妇女。最后，他们总是热中于劫掠的。这是过去曾给罗马帝国造成了很大损害的同样的那些匈奴人。

土耳其人占领了希腊帝国在亚洲的全部土地之后，凡是能避开他们的居民就一直逃到博斯波鲁斯地方；那些能够找到船只的人们就逃到帝国的欧洲部分去了：这就使西部的居民大大增加。但是人数很快地大为缩小了。在他们那里发生了十分激烈的内战，以致双方都把土耳其的不同的苏丹召来了，条件同蛮族的条件一样过分，即他们可以把从对方得到的俘虏卖为奴隶，而每一方面为了想消灭敌人，就拼命竞相残杀人民。

在巴雅吉特征服了所有其他的苏丹之后，如果土耳其人自己不是遇到有被鞑靼人消灭的危险的话，他们在当时就会完成后来在穆罕默德二世才能完成的事情的。

我没有勇气谈到后来的灾难了。我只是说，在最后的皇帝们统治的时期，领土只限于君士坦丁堡近郊的帝国就像莱茵河一样地结束了：原来当着莱茵河在消失于大洋当中的时候，它不过是一条小河罢了。

论 趣 味

在我们当前的存在方式之下，我们的精神感受到三种快乐：一种是从它存在的本身取得的；另一种是由于它和身体相结合而取得的；最后，第三种则是建立在某些制度、某些风俗、某些习惯在它身上所引起的癖好和偏见上面的。

构成趣味的对象的，也正是我们的精神所感到的这些不同的快乐，比如美丽的、优秀的、愉快的、天真的、精致的、纤细的、优美的、不可名状的、高尚的、伟大的、崇高的、宏壮的等等。比方说，当我们看到一件事物对我们有用而感到快乐的时候，我们就说它是好的。当我们看到一件事物时感到快乐，却没有发现它在当前有什么用处时，我们就说它是美的。

在古代，人们并不完全清楚这一点。我们的精神的一切相对的品质当时都被看成是肯定的。这就使得柏拉图使苏格拉底用来进行议论的对话，古人十分喜爱的对话，在今天就经受不住批判，因为它们是建立在虚伪的哲学之上的。关于优秀的、美丽的、完善的、智慧的、荒谬的、坚硬的、柔软的、干燥的、潮湿的等等肯定的概念的所有这些议论现在都失去了任何内容[①]。

① 这里是根据俄译本增加的。——译者

因此，美丽的、优秀的、愉快的等等的根源就都存在于我们本身，而要寻求它的理由，这就是说，要寻求我们的精神所以感到快乐的原因。

让我们检查一下我们的精神，研究一下它的各种表现和欲望，并在快乐中，也就是说在它表现得最明显的地方寻索它。诗歌、绘画、雕刻、建筑、音乐、舞蹈、各种游戏，最后是自然和艺术的创作都可以使我们得到快乐。让我们来看一下，为什么、怎样以及在什么时候它们使我们可以得到快乐；我们要对我们的感觉有一个清楚的认识。这一点可以有助于形成我们的趣味，而这不外是一种能够精细地和迅速地发现每一事物应该给予人们的快乐的尺度的能力而已。

论我们精神的快乐

除去来自感官的那些快乐以外，精神本身还有它自己固有的快乐，这些快乐是不依赖于感官的。引起这类快乐的是好奇心；对于本身的伟大和完美的认识；对本身存在的认识（这是和虚无的感觉相对立的）；能用一个总的思想概括一切事物，能看到大量事物等等而感到的快乐，比较、综合和分析思想时的快乐。这些快乐在于精神的本质，并不依赖于感官，因为它们属于一切会思索的人物。在这里，研究我们的精神，是作为同身体有联系的存在还是作为同身体分开的存在才有这样的一些快乐，这一点是完全无关紧要的，因为它们是精神从来就有的，而且是趣味的对象：因此我们在这里不再分别从精神本质产生的快乐和由于身体相结合而产生的快乐。我们把所有这些快乐称为自然的快乐，而把它们和得来的快乐又分开来：得来的快乐是精神本身在同自然的快乐发生了某些联系之后创造出来的。因此，由于同样的原因，我们就把自然的趣味和得来的趣味区分开来了。

认识一下快乐的源泉（趣味就是快乐的标准）是大有裨益的：认识自然的快乐和得来的快乐，这可以使我们提高我们的自然的趣味和我们得来的趣味。应当从我们本身的存在出发并认识一下我们本身所特有的快乐是什么，这样才能够测度这些快乐，有时甚至能感觉到这些快乐。

如果我们的精神根本同身体不统一，那它就更易于认识；但是看来很可能它是会爱它所认识的事物的：目前，我们却几乎总是只爱我们所不认识的事物。

我们的存在方式完全是偶然的。我们可以被同我们一样的或是其他的事物所创造。可是，如果我们是被采用别的方式创造出来的，那我们的看法也就不同了。如果我们的机体多一个或是少一个器官，那我们的雄辩，我们的诗就不是这个样子了。如果我们器官的结构不是今天这个样子，那诗也就不是今天的样子了。比如说，如果我们器官的结构能使我们在更长的时间内集中注意力，那么依照我们注意力的情况来处理主题的一切规则就不再存在了。如果我们能够有更大的洞察力的话，那么以我们当前的洞察力的情况为基础的一切规则也就没有用处了。最后，如果我们机体不是今天这个样子，那么以今天的样子为根据的一切法律也就势必不一样了。

如果我们的视觉是更加微弱和不清楚的话，那么在建筑的各个部分中，就需要较少的装饰和较多的统一了。如果我们的视力更加敏锐而我们的精神可以同时包容更多事物的话，那么在建筑中就应当有更多的装饰了；如果我们的听觉和某些动物的听觉相同的话，那我们的许多乐器就非得大大改变不可。我知道得很清楚，在事物和事物之间是会保存着一定的关系的。但是事物和我们保持着的关系一旦改变了，则在目前的情况之下，对我们产生某种影响的那些事物就不再会产生什么影响了；而既然艺术的完美是要这样把事物呈现给我们，那就是它们要能给我们尽可能多的快乐，从而各种艺术也就必须要有所改变，因为最能使我们感到快乐的方式已经改变了。

人们起初认为，认识我们的快乐的各种不同的根源能够获得趣味，而在人们读了哲学在这方面所谈到的一切之后，也可以获得趣味，在这之后人们就可以大胆地评论艺术作品，这样做也就可以了。然而自然的趣味并不是一种理论的认识；这是对于人们所不知道的规律的一种迅速的和精巧的应用。不一定要知道，我们认为美丽的某一对象所给予我们的快乐是从惊讶产生出来的；我们只需知道；对象使我们惊讶，它按着应有的程度使我们惊讶，不多也不少。

这样看来，不管我们在这里讲些什么，为了培养趣味不管我们定出了什么规则，这些规则只能是涉及取得的趣味，这就是说，只能直接地涉及取得的趣味，尽管它们也间接地涉及自然的趣味；因为取得的趣味影响、改变、增加和减少自然的趣味，同样自然的趣味也影响、改变、增加和减少取得的趣味。

趣味的最普遍的一个定义，且不去考虑它是好的还是坏的，正当的还是不正当的，趣味就是通过感觉而使我们注意到某一事物的那种东西。不过这不应使我们认为，它不能应用于精神方面的事物：认识精神方面的事物使人的精神感到很大的快乐，这是某些哲学家所能理解的、唯一的幸福。精神借助于思想和感觉而有所认识；尽管我们把思想和感觉对立起来，但是当精神看到一个事物的时候，它就会感觉到它，而根本就不会有这样的精神方面的事物是精神所看不到或不想看到的，从而也就不会有它感觉不到的事物。

论一般的智力

智力分成几类：天分、健全的意识（常识——译者）、见识、正直、才能和趣味。

智力在于使它相应地用于各个事物的器官保有健全的结构。如果这一事物是极端特殊的，它就叫做才能。如果它较多涉及人们的某种精致的快乐，这就叫做趣味。如果这特殊的事物是一个民族所独有的，才能就称为精神，比如罗马的战术和农业、蛮族的狩猎等等。

论好奇心

我们的精神被创造出来是为了思索的，这就是说，是为了观察的；因此，这样一种东西是应当有好奇心的；原来，既然一切事物都被一根线索贯穿着，或者说每一个思想是从前一个产生，又产生了后一个，因此人们就不能只愿意看到一个事物，而不想看到另一个事物；如果我们对这个东西没有更多的期待，则我们在另一个东西上面也就不会感到快乐。这样说来，当人们只把图画的一部分显示给我们看的时候，我们总是想看人们掩盖起来不给我们看的那一部分，而且我们看到的那一部分给予我们的快乐越多，我们也就越是想看还没有看到的那一部分。

因此，一件事物给予我们的快乐，会使我们注意到另外一件事物；而正是因为这个缘故，精神就总是寻求新事物，绝不会静止在那里不动的。

这样看来，当我们看到许多事物，或是看到比自己所期望的更多的事物的时候，我们的精神必定是十分愉快的。

这样，我们就可以解释，为什么当我们看到一个布置得很好的花园的时候，当我们看到一片未经人工整顿的田野的时候，我们同样会感到愉快。引起这种效果的，是同一个原因。既然我们喜欢看到许许多多的事物，我们就愿意扩大我们的眼界，愿意到许多地方去，愿意看到尽可能多的空间，最后，我们的精神逃避界限，它总是想，如果可以这样讲的话，扩大它自己所在的范围：因此，把精神的眼界伸展到远方，这对精神来说乃是一大乐事。可是如何能做到这一点呢？在城市里，我们的眼界为房屋所限制；在农村，也有成千的阻碍物遮住了眼界；我们最多也不过只能同时看到三四棵树。艺术来帮助我们了，于是我们发现了把自己隐藏起来的自然界。我们喜欢艺术，我们喜欢艺术甚于自然本身，这就是说，我们看不到的自然；但是当我们找到了景色很美的地方，当我们的目光可以自由自在地欣赏远方的草原、小溪、小山和可以说是特意创造出来的那些景物的时候，这比之我们看到勒诺特的那些花园，会感到更大的欢乐；因为自然是不会重复的，可是艺术相互间却总是相似的。也正是为了这个缘故，我们喜欢绘画中的风景，胜过了世界上布置得最美丽的花园；绘画所吸取的只是自然中美丽的那一部分，是自然中人们可以看得远又看得十分全面的部分，是自然中变化多而又足以赏心悦目的部分。

通常我们提到一个伟大的思想时，就是说，当人们提到一件事物时，会使我们又认识到许多其他的事物；这是说，它使我们一下子懂得许多道理，而这些道理原是需要读很多书之后才能理解的。

佛洛露斯[①]只用寥寥数语就把汉尼拔的全部过错说尽了；他说："当他可以利用胜利的时候，他却宁愿享受胜利的果实（cum victoria posset uti，frruiu maluit）。"

他下面的话使我们得到关于全部马其顿战争的一个概念："进入马其顿，这就等于胜利了（introisse victoria fuit）。"

当他谈到斯奇比奥的青年时代时，他就使我们看到了斯奇比奥一生的面貌："斯奇比奥在这里成长起来，就是为了摧毁阿非利加的（hic erit Scipio qui in exitium Africae crescit）。"这样，你就觉得是在看到一个婴儿怎样成长并且被抚养成一个巨人。

最后，他使我们看到汉尼拔的高尚的品格，看到世界的形势以及罗马人民的全部伟大；他说："被赶出阿非利加的汉尼拔在整个世界为罗马人民寻找敌人（qui，profugusex Africa，hostem populo romano toto orbe quaerebat）。"

---

① 佛洛露斯（一至二世纪），罗马作家，写过关于罗马战争的历史。

秩序的快乐

精神只看到大量的事物是不够的，还必须使这些事物有秩序；原来，当我们回想到我们看到的一切时，我们就开始想象我们将会看到的东西；我们的精神由于本身的广度和深度而感到幸福；但是，当我们看到一部毫无秩序可言的作品时，我们就每时每刻都觉得我们想放到那里面去的秩序受到破坏。作者所创造的首尾一贯性同我们自己的首尾一贯性发生了冲突；我们的精神什么都记不住，什么都预见不到。由于思想的混乱，由于最后产生的空虚，我们的精神受到了屈辱。我们的精神受到无用的折磨，并且得不到任何快乐。正是为了这个缘故，当我们的目的不是在于表现或指出混乱的时候，我们总是要使甚至混乱成为有秩序的。这样，画家就把他们所描绘的人物分成了类，描绘战争的人们也就把他们想突出的人物安放到引人注目的前面的地方，而把混乱的场面放在画面的深处和远处。

多样化的快乐

然而事物既然需要有秩序，也就需要多样化：如果不这样的话，我们的精神就感到烦躁了。因为相似的事物在它看来都是一样的；如果我们所看到的画面的一部分和我们过去看到的另一部分相似的话，则它就显得不新鲜，不能使我们感到任何快乐了。而且，既然同自然创造物的美相似的艺术作品的美仅仅是在于它们给予我们的快乐，那么就应当尽量使这些快乐多样化；应当使精神看到它没有看到的事物；应当使精神的感觉不同于它刚刚体会到的感觉。

正是因为这个缘故，故事由于它的多种多样的题材而使我们感到满足，小说由于多种多样的怪事而使我们感到满足，戏曲则由于多种多样的热情而使我们感到满足；凡是善于教导别人的人，总是尽可能地使他们的教训不流于单调无味的。

如果长时期的单调无味继续下去，这就会使一切都变成不可容忍的了；在演说时长时期一段一段地总是同样的结构，这就会使人受不住；在一首长诗里，同样的格和同样的韵脚也会使人感到厌烦。如果有人真的在莫斯科和彼得堡中间修筑这样一条著名的两旁植树的道路的话，那么在两排树木中间走着的旅行者一定会腻死了。可是长时期在阿尔卑斯山旅行的人，在他进入山谷的时候，却可以饱赏最美丽的风光和最诱人的景色。

精神是喜欢多样化的；但是我们已经说过，它喜欢多样化只是因为它被创造出来，就是为了认识和看的。因此，它必须能看，而多样化也允许它这样做。这就是说，一件事物应当单纯到易于被认识，还应当多样化到能够被愉快地认识。

有一些事物从表面看起来是多样化的，但实际上却并非如此。另有一些事物从表面看起来是单调的，但实际上却是十分多种多样的。

哥特式的建筑看来是十分多样化的，但是它的装饰琐碎得令人厌烦。这就使我们无法把其中任何一个装饰从另一个装饰分辨出来，而装饰数目之多又使我们无从注意到其中的任何一个：结果，这种建筑恰恰在目的是打算使人欣赏的那些地方反而使人感到不快。

哥特式的建筑对于看它的眼睛来说是一种谜，在看到这种建筑的时候，精神上感到难受，就如同要它读一首晦涩难解的长诗那样。

恰恰相反，希腊的建筑看起来是单调的，但由于应有的各个部分它都有了，应有的数量也都有了，因此我们正是可以看到我们能够看了不会感到厌烦和无聊的那些东西。这种建筑有这样一种多样性，这种多样性使人们看起来感到愉快。

大的事物必须是由大的组成部分构成的。人的身材高，胳膊就长，高大树木的树枝也粗，巨大的山脉是由其他一些高低不同的山峰构成的：这就是使它这样的事物本性。

希腊建筑的组成部分不多，但各部分却都是大的。这种建筑是模仿伟大的事物的；我们的精神感到在这里到处洋溢着一种伟大的气魄。

因此，绘画就把画面上所表现的人物分成一群一群的，每群有三个人或四个人。它是模仿自然的，一大群人总是分成小群的；也正因为是如此，绘画就把明亮的部分和阴暗的部分分成一些大块。

对称的快乐

我说过，精神喜爱多样化；可是在大多数的情况之下，它是喜欢一种对称的。这里好像有一种矛盾。现在我就来解释这一点。

当我们的精神看事物的时候，它感到愉快的主要原因之一，就是我们看到它们时所感到的轻快；对称所以使精神感到愉快，其理由是节省我们的气力，对我们有所帮助，也可以说是使我们节省了一半的气力。

从这里就产生了一个一般的规则：任何地方只要对称对精神有益处并且可以帮助精神的机能来感受它，那么这种对称就是令人愉快的。但是，任何地方如果对称是无益的，它就变得淡而无味，因为它把多样化取消了。因此，我们依次看到的事物应当是多种多样的，因为我们的精神看到它们时是没有任何困难的。相反的，我们一眼能看得到的事物，却应当是对称的。因此，当我们一眼望见一个建筑物的正面，一座花坛、一座神庙的时候，那里面的对称由于一种轻快而使我们觉得愉快，这是对称在我们感受整个事物时使我们感到的轻快。

既然人们一眼看得到的事物应当是单纯的，那它还应当是统一的，而且各个部分也要同主要的部分相调和。正是为了这个原因，我们也喜欢对称：它造成一个统一的整体。

在事物的本性里，完整的事物给人以完善的印象，而在我们看到完整的事物时，我们绝不愿意在其中看到不完美的部分。还有一个原因说明人为什么喜欢对称：它会给人一种均衡或平衡之感。只有一个侧面的建筑，或一个侧面短于另一个侧面的建筑是这样地不完美，就好像没有胳膊的躯体或一只胳膊比另一只胳膊短得多的躯体一样。

论 对 比

精神喜欢对称，但是它也喜欢对比。这一点需要好好地解释。

比方说，如果自然要求画家和雕刻家在他们所创造的人物中有对称的话，则相反地，它还要他们在人物的姿势方面有对比。一只脚摆得同另一只脚一样，身体的一部分摆的同另一部分一样，这是不能忍受的；原因是，这种对称使得姿势几乎永远是相同的，就好像人们在哥特式的人物的身上看到的情况一样，在那里一切人物都是相同的。这样，艺术作品便不再有多样化了。而且，自然并不是把我们都规定成一个样子；而既然它把动作给我们，它就不会在我们的动作和举止方面，像固定的泥娃娃那样地固定我们。如果说拘谨和不自然的人物是不能容忍的话，那么对于这一类的艺术作品人们又会怎样说呢？

这样看来，人物的姿势必须是有对比的，特别是在雕刻作品上面，因为雕刻的样子就其本质而论是冷的，可是却能通过对比和姿势的力量把热情表现出来。

但是，正如我们已经说过的，人们试图放入哥特式艺术中去的多样化反而使它单调了。常常还有这样的事情，人们试图以对比的办法所取得的多样化却变成了一种对称和一种令人讨厌的单调。

这种情况不仅见之于个别的雕刻和绘画作品中，而且还见之于某些作家的文体中，他们所写的每一句话总是用连续不断的对句的办法，把开头拿来同结尾对比。属于这类的作家有圣·奥古斯丁和其他那些用蹩脚拉丁文写作的作家，还有我们当代的一些人，比如说，圣·埃弗勒芒。永远是相同的、永远是一个样子的说法是特别使人厌烦的。经常不断的对比变成了对称，而永远故意追求的这种对照变成了单调。智力在这里发现这样少的变化，以致当你念了这句话的一部分的时候，你已经能猜出另一部分了；你看到相互对照的词，但这都是用同一种办法对照起来的；你看到一种句法，但它们却永远是一样的。

许多画家犯了错误，因为他们到处和不加选择地使用对比；结果当我们看到一个人物时，我们立刻知道他旁边的人物的姿态如何。这种接连不断的多样性反而变成了一种相似的事物。而且，把事物胡乱地放到一起的自然界并不故意表现出一种经常对比的样子，更不用说它没有使所有的身体都动起来，没有使它们做出强迫的动作。它比这样做要复杂多了，它使一些人在那里休息，使另一些人在那里做各种不同的运动。

如果精神中能够认识的部分喜欢多样化的话，则能够感觉的这一部分也是同样地追求它，因为精神不能长期忍受同样的状态：它同躯体有联系，而躯体也是不能忍受同样的状态的。为了使我们的精神受到激动，则在神经里应当有神经质流动着，这样就产生了两件事物：神经中的疲劳和神经质流动的停止，或是它从它所流过的那些地方消失。

结果，一切终于使我们感到厌倦，特别是那些巨大的欢乐：人们放弃这些欢乐时所感到的满足总是同人们得到这些欢乐时所感到的满足一样，因为感受欢乐的精神纤维这样一种器官是需要休息的；必须利用另一些更适于为我们服务的，也可以说，能够分配工作的精神纤维。

我们的精神在感觉方面疲倦了，但是，不感觉就是说，陷入一种对精神起压迫作用的无感觉状态里面去。要想补救这一切，就得使各种感觉多样化：精神在感觉，但是并不感到疲倦。

惊讶的快乐

精神永远追求不同事物的这一倾向，使得它可以享受到从惊讶产生出来的一切快乐。这种感觉之所以使我们的精神觉得愉快，乃是由于场面变换的迅速：因为我们看到或是感觉到我们完全没有料到的东西，或者说，我们感受的方式本身也是出其不意的。

一件事物可以作为一个奇迹使我们感到惊讶，但是也可以作为一件新事物，还可以作为一件料想不到的事物而使我们感到惊讶。在新事物和料想不到的事物的情况下，主要的感觉还同一种附属的感觉联系着，而这附属的感觉之产生就因为事物是新的或是料想不到的。

正是由于这个原因，赌博就对我们有很大的吸引力。它会使我们看到一连串不断的突如其来的事件。也正是由于这个原因，社交的游戏使我们感兴趣，因为在这里面也有一连串不可预见的事物，引起这些不可预见的事物的原因是同机会结合到一起的灵巧。

戏剧使我们感到愉快也是由于相同的原因：剧本的情节逐步得到发展，它们把事件一直隐藏到爆发的时候，它们总是要我们遇到突如其来的新事件，并常常使我们觉得不舒服，因为它们显示给我们的事件，本是我们应当预见到的。

最后，通常我们读文学作品，不外是因为它们使我们看到许多愉快的突如其来的事件，并且还弥补了谈话的枯燥无味，因为谈话几乎永远是衰弱无力的并且根本不能产生这样的效果。

惊讶可以由事物本身引起，或者由看待事物的方式所引起；因为我们看一件事物要比它的实际大一些或小一些，或者和它的实际有所不同；我们有时看到事物的本来面貌，但是却有一种使我们感到惊讶的附属的思想。在一件事物里属于这类附属思想的有：关于制作这一事物时的困难，关于制作这一事物的人，关于制作这一事物时所费的时间，关于制作这一事物的方式，或是关于同这一事物有关的某种其他情况的思想。

苏埃多尼乌斯在给我们描述尼禄的罪行时，冷酷到使我们吃惊的程度，他几乎使我们相信，他在他所描述的事实面前，是一点不觉得恐怖的。他突然改变了调子说："世界把这个怪物容忍了十四年，终于把它抛弃了（tale monstrum per quatuordecim annos perpessus terrarum orbis，tandem destituit）。"这一切在我们的智力中引起了不同种类的惊讶。作者的体裁的改变，他的另一种思想方式的发现，他那用寥寥数语描述历史上的一次伟大转折的本领：这都使我们感到惊讶。这样看来，我们的精神有许多不同的感觉，这些感觉都能震动我们的精神，使我们的精神感到一种快乐。

可以产生感觉的各种不同的原因

应当着重指出的一点是，我们的精神中的一种感觉通常不会只有一个原因。如果我可以用这种说法的话，感觉的力量和多样性是来自原因的某种配合。智力是在于能够同时作用于多种感官;而如果我们调查一下不同作家的话,我们就可能看到,最好的和我们最喜爱的作家就是那些能在我们的精神中同时激起尽可能多的感觉的作家。

我请你看一看原因的多种多样性吧。我们喜欢看一个布置得很好的花园甚于一丛杂乱的树木;这是因为:(一)我们的目光不能受到事物的限制;(二)每一条两旁种树的道路都是统一的并且构成一个巨大的事物,但是如果把树木混到一处,每一棵树就是一件事物,而且是一件小事物了;(三)我们看到了我们不习惯看到的配列方式;(四)我们感谢花费在这上面的劳动;(五)我们赞赏人们不断对自然作斗争的努力,而自然由于人们对之不需要的干预,试图把一切都搞乱。最后这一点完全是有根据的说法,因为一座没有人管理的花园,在我们看来是不能容忍的。有时,写一个作品时所感到的困难使我们感到愉快,有时是它的轻易使我们感到愉快。一方面,在看到一座豪奢的庭园时,我们会赞赏主人的豪迈和阔气,可是另一方面,我们有时还愉快地看到,人们花费很少的金钱和劳动也能有办法使我们高兴。我们喜欢赌博是因为它满足我们的贪欲,这就是说,想取得更多东西的希望。它取悦于我们的虚荣心,因为它使我们想到,命运对我们特别照顾,而四周的人对我们的好运也都加以注意。它把一种令人开心的东西显示给我们,从而满足了我们的好奇心;最后,它又把惊讶的不同的快乐给予我们。

舞蹈使我们感到愉快是由于它的轻盈,由于某种优雅,由于姿势的美妙和多种多样的变化,由于它同音乐的联系,因为这时

跳舞的人就像是一个伴奏的乐器;但是,特别是它由于我们头脑中的一种素质而使我们感到欢喜,这种素质在暗中把关于这一切动作的思想归之于某些动作,把这些姿势的大部分归之于某些姿势。

论某些思想的偶然联系

事物几乎永远是从不同的角度使我们感到愉快或是不愉快的。比方说,意大利的那种去势的歌手就必然使我们感到不愉快,原因是:(一)像他们那种样子,他们唱得好,这是没有什么可以奇怪的。他们好像是一种乐器,工匠从其中取走一部分木头,就是为了使它发出更好的声音。(二)他们所表现出来的感情很难使人相信是真实的。(三)表演者本人不属于我们所喜爱的任何一性,不属于我们所尊敬的任何一性。但从另一方面来说,他们又可以使我们感到愉快,因为他们在长时期里保存了年轻的外貌,此外,他们还有灵活的嗓音,而且也只有他们才有这种嗓音。这样看来,每种事物都给予我们一种由其他许多感觉所构成的感觉,这些感觉相互削弱,有时还相互冲突。

我们的精神本身常常会创造出一些快乐的理由,特别是在它把一些事物联系起来的时候,就更可以做到这一点。这样看来,我们继续喜欢我们喜欢过的事物,其唯一的理由是,我们喜欢过它,因为我们把先前的印象同新的印象联系起来了。比方说,一位在舞台上使我们倾倒的女优,在房屋里仍然使我们感到愉快;她的声音,她的抑扬顿挫的台词,再想到她受欢迎的情况,我得怎么讲才好呢？想到她表演的女皇再想到她本人，所有这种种都造成一种感觉的混合，而这种混合就形成并产生一种愉快。

我们有许许多多附加的概念，享有盛名但是也有小缺点的妇女，有时反而可以从这一缺点得到好处，从而使人们把它看成是一种特别讨人喜欢的东西。我们所喜爱的妇女大多数都只是沾了她们的出身或是财富的光，沾了某些人对她们表示的崇敬或尊敬的光。

精神在事物中间确立的联系的另一个后果

在叙述全部神话时的这种快乐气氛，我们应归功于人类在远古时所度过的自然生活，我们应归功于自然生活的这些成功的描写，天真的事件，善良的神灵，还有过去呈现的一种气象，这种气象同我们今天的差别大到使我们不容易想象，可是相隔又没有远到使我们认为它不是真实的，最后还有热情和安静的这种混合。我们很喜欢想象狄亚娜、潘恩、阿波罗、仙女们、森林、草原、泉水。如果远古的人们和我们今天一样，是生活在城市里的话，那么诗人描写给我们的，只不过是我们每天带着烦躁的心情所看到的，和带着嫌恶的心情所感到的东西罢了：到处是贪欲、野心和使人痛苦的激情。

为我们描写了自然生活的诗人向我们谈到了他们所怀念的黄金时代，也就是更加幸福和宁静的一个时代。

论 精 巧

精巧的人物是这样的一些人，他们的每一个思想或每一个趣味都同许多附属的思想或趣味相联系着。原始人只有一种感觉；他们的精神既不能综合，也不能分析。自然给予他们的东西，他们什么也不能增加，什么也不能减少。相反的，精巧的人物在爱里面却创造了爱的大多数的欢乐。波利克赛努和阿披修在饭桌上有那些庸俗的饕餮之徒所无法体会到的欢乐感觉。善于吟味智慧的作品的人们，他们体会到并且创造着他人所没有的无数感觉。

论不可名状

在人或事物当中，常常有一种看不见的魅力，一种自然的优美，人们对于这种东西无法给予定义，而只得称它为不可名状。我以为，这是一种主要建筑在惊讶之上的效果。我们觉得惊讶的是：我们喜欢的女人对我们总是产生应有程度以上的魅力。我们愉快地感到惊讶的是，她克服了一些缺点；我们的眼睛尽管看到这些缺点，但是心里不相信它们。这就说明为什么丑女人常常有诱人的地方，漂亮的女人反而几乎没有。原来一个漂亮的女人通常总是同我们对她的期望相反：于是她就不这样对我们有魅力了。最初是她的优点使我们感到惊讶，随后就是她的缺点使我们感到惊讶了。不过好的印象是旧的，坏的印象却是新的，因此漂亮的女人很少能够引起热烈的爱情，可是这种爱情又几乎只属于具有魅力的人物;而所说的魅力这就是我们没有想到,而且又没有理由期待一种愉快。豪华的装饰很少产生什么魅力,而牧人的服装却常常是有魅力的。我们赞赏保罗·维罗涅兹[①]的衣饰的豪华,但是我们更为拉斐尔的单纯和柯尔列奇奥的纯净所感动。保罗·维罗涅兹答应了许多东西,而且凡是他答应的他都兑现了。拉斐尔和柯尔列奇奥答应的很少,但给的很多,而这就使我们越发欢喜了。

魅力通常是在智慧之中,而不是在容貌之中,因为美丽的容貌一下子就显示出来,并且几乎隐藏不住任何东西。可是智慧只是在人愿意这样做的时候和在他所希望的程度上才一点一点地显示出来。智慧把自己隐藏起来是为了在后来显示自己,并且产生一种造成魅力的惊讶。

魅力较少发现于面貌的特征,而较多发现于言谈举止;因为言谈举止时时刻刻发生变化,并且能够在任何时候创造使人惊讶的事物。一句话,一个女人只有通过一种方式才能是美丽的(belle),但是她可以通过十万种方式使自己变得可爱(jolie)。

在文明的和野蛮的民族中间,有关两性的法律都规定,男子是要求的一方面,而女子则仅仅是适应要求的一方面:因此魅力毋宁说是专属于女人的东西。既然她们要保卫一切,她们也就非得隐藏一切不可。片言只语,一举一动,在无损于她们的基本德行的情况下所有一切表示出来,所有一切自由表现出来的东西都成为一种魅力。这乃是大自然的智慧,就是说:如果没有有关羞耻心的法律就没有任何意义这件事,自从这一幸福的法律成为人类的幸福

① 维罗涅兹(1528—1588),著名的意大利画家。

那时起，就变成无限珍贵的了。

既然牵强和造作不能欺骗我们，则在牵强的和造作的举止里是不会有魅力的，魅力是在某种自由里，或是在处于两个极端中间的从容自在里。在看到人们躲开了两块暗礁的时候，我们的精神是愉快地感到惊讶的。看起来，自然的举止应当是最自如的了，但这样的情况又不是这个样子：因为对我们有拘束作用的教育总是会使我们失去自然的气质，从而我们看到它出现时，却又感到它是有魅力的。

在服装方面使我们感到最不愉快的是这样一种情况：服装看起来是随便的或者甚至是杂乱的，不过在这后面却隐藏着一种不是为了整洁，而只是为了虚荣而作出的努力；而人们也只有在讲话中自然流露，而不是矫揉造作的时候，才能够说在他们的智慧里是有魅力的。

当你说了你用过脑子以后才说出来的话时，你可以很清楚地使人们看到你的智慧，却不是智慧中的魅力。为了要表现魅力，你自己首先必须不要去注意它；其他的人本来没有想到从你那看来是天真和纯朴的事物中取得什么东西，但他们却会在发现这一点时愉快地感到惊讶。

这样看来，魅力绝不是取得的东西。要取得魅力，首先得天真。然而人们又怎样才能做到天真呢？

荷马的最美丽的假想之一，就是关于维纳斯的腰带的传说，这条腰带使维纳斯有办法取得人们的欢喜。没有一件事物比它更适于使人们感到魔法和魅力的力量了，魅力正仿佛是由于一个看不见的力量给予一个人的，并且甚至是和美丽本身无关的。而且，这条带子也只能是给予维纳斯的。它配不上朱诺的美丽，因为庄严需要一定的凝重，这就是说，一种同魅力的朴直相对的拘谨。它也配不上帕拉司的高傲的美丽，因为高傲是同魅力的温和相对立的，而且常常又会被怀疑为做作。

惊异的增长

造成伟大的美丽的情况是这样：一件事物在开始的时候引起的惊异是平常的，但是这种惊异却保持、增长，而最后竟使我们惊叹不已。拉斐尔的作品在刚刚一看的时候，并不特别引人注目；他描绘自然描绘得这样好，以致人们在看到他的绘画时，犹如看到实物，而并不觉得吃惊，因为实物是不会引起任何惊讶的。但是较差的一个画家的一种特殊表现方式，一种较强烈的色调，一种怪诞的姿势在刚刚看到的时候却能抓住我们的注意力，因为我们在日常生活中是不习惯于看到这类事物的。我们可以拿拉斐尔同味吉尔相比，可以拿威尼斯的画家以及他们习惯的那种造作的姿态同鲁坎相比：味吉尔比较自然，在开始的时候并不给人以特别深刻的印象，但后来印象却反而越来越深了。鲁坎在开始给人以深刻的印象，但这一印象往后却日趋淡漠了。

圣彼得大伽蓝这一著名建筑物的适切比例也可以说明问题。在刚刚看到它的时候，它并不像它实际那样地大，因为我们一时不知道以什么为根据来判断它的大小。如果它窄一些，我们就会因它的高度而吃惊，如果它低一些，我们又会因它的宽度而吃惊了。我们越是细看，就越是觉得它大，于是我们就增加了惊讶的程度。

我们还可以拿圣保罗大伽蓝同比利牛斯山相比，在我们想测量一下比利牛斯山时，会发现山外有山，因而总是会更加感到茫然自失的。

常常有这样的情况：当我们的精神本身不能识别自己的一种感觉，并且在我们看到一种同我们所想象的截然不同的事物时，我们感到愉快；这会产生一种我们无法摆脱的惊讶的感觉。这里有一个例子。圣彼得大伽蓝的圆顶是巨大的。大家知道，当米凯兰哲罗在看到罗马最大的神殿——万神殿的时候，他说他也要修建这样大的一座神殿，而且他想把它放到空气里去。于是根据这个样式，他建造了圣彼得大伽蓝的圆顶。但是他使下面的柱子这样的粗重，以致圆顶虽然像一座山那样地耸立在人们头上，看起来却仍然好像是很轻似的。我们于是在我们的精神所看到的和所知道的中间犹豫不定了，而在看到如此巨大同时又如此轻快的建筑物的时候，我们的精神感到惊讶了。

美是精神的某种错乱的结果

当我们不能把我们当前看到的和已经看到的事物协调起来的时候，我们常常会感到惊讶。在意大利，有一个叫做玛教列的大湖(il lago Maggiore)；这是一个小型的海，它的沿岸都是荒芜的。从湖岸向中心走十五哩的地方有两个岛，四周大约有四分之一哩长，人们称它们为波尔罗美岛(les Borromées)。这两个岛在我看来，是世界上最适合诗人住居的场所了。对于这种传奇性的对比，我们感到惊讶，我们还带着愉快的心情回想起小说中令人感到惊讶的事件，在那里，人们在经历了岩石和不毛之地以后，却来到了像仙境一样美丽的地方。

一切对比之所以特别引人注目，是因为对立的两件事物，每一件都能表现得更为突出：比方说，如果一个高个子旁边站着一个小矮子，小矮子就把高个子衬托得更高，反之高个子也把小矮子衬托得更矮了。

我们在一切对立的美丽中，在一切对照和这一类的比喻中所找到的愉快，是由这类的惊讶所造成的。当佛洛露斯说："索勒和阿尔吉德（谁会想到它？）在我们看来是森严可怕的城寨；撒特里克和科尼库勒是行省；我们害怕波里利安人和维儒里安人，然而我们还是打败了他们；最后，梯伯河是我们的市郊；普列涅斯特（在那里有我们的别墅）则是我们要送到卡庇托留姆去的誓言的原因"的时候，我说，这位作者就在同时向我们指出罗马的伟大和它初起时的微小，而这两个事实都引起了我们的惊讶。

在这里我们可以看到，思想的对照和言语的对照之间有着多么大的区别。言语的对照不是隐蔽的，思想的对照却是这样：一个是永远保持同样的外形，另一个却是随心所欲地改变；一个是多种多样的，另一个则否。

还是那个佛洛露斯在提到撒姆尼特人的时候说，他们的城市被摧毁到这样的程度，以致在目前已难于找到二十四次胜利的痕迹了。而且，用同样的话，作者指出了这一民族的毁灭，又使人们看到他们是何等的英勇和坚持。

当我们想忍住而不笑的时候，由于我们所处的情况和我们应处的情况之间的对比，我们却更加要笑起来。同样，当我们在某人的脸上看到一个巨大的缺点，比方说，一个十分巨大的鼻子，我们就会笑起来，因为我们看到，它同脸上其他部分的对比不应当是这样的。这样看来，对比是缺点又是优点的原因。当我们看到对比得没有道理，看到对比反而突出或是指明另一个缺点的时候，它们就更大地增加了丑态。而当我们突然看到丑态的时候，它会引起我们精神上的一种愉快并使我们发笑。如果我们把它看成是人的一种不幸的话，它就会引起我们的怜悯。如果我们看到它的时候，有一种它可能会伤害我们的想法，或是想到把它拿来同那通常会使我们感到激动或激起我们的愿望的事物相比的话，这时我们对它就会有一种嫌恶之感。

同样，我们的思想如果其中包含着不合于常情的对立，如果这种对立是平凡的和容易发现的，那它们就不会使人感到愉快并且是一个缺点，因为它们根本不能引起惊讶；相反的，如果是过分的穿凿，它们也会是这样的。应当使人们在一个作品中感到对立，因为对立本来是存在的，而不是因为作者想把它表现出来；在后面的一种情况下，使人们感到惊讶的只不过是作者的愚蠢罢了。

使我们最感愉快的事物之一就是天真，但是要取得这种风格却绝非易事。理由是它恰好在崇高和鄙俗之间，并且又同鄙俗如此的相近，以致在经常同鄙俗接近的时候而又不成为鄙俗，那真是难乎其难了。

音乐家们都承认，最容易演唱的音乐是最难创作的：这一点可以确切地证明，我们的快乐和我们引起快乐的办法都是受制于一定的限度的。

读一读柯乃意的如此壮丽的诗句和拉辛的如此不事雕饰的诗

句，我们就难于推想得到，柯乃意是轻易地创作的，而拉辛是艰苦地创作的。

通俗的事物在人民看来是崇高的事物，人民喜欢为他们创作并且是他们所理解的事物。

很有教养和很有智慧的人物所发表的思想或者是天真的，或者是高贵的，或者是崇高的。

当我们看到一件事物的周围有环境衬托着，或者有一些使它格外突出的附属物在它旁边，则这一事物在我们看来就觉得高贵；这一点在比较当中特别可以感觉到，因为在比较的时候，智慧必然是永远得到胜利而绝不会失算的；原来比较必然永远会加上一些东西，使人把事物看得更伟大或者（如果谈到不是伟大的问题的话）使人觉得它更雅致、更精美。然而必须注意防止作任何低级的比较，因为精神要是发现了这种情况的话，它还是会把它隐蔽起来的。

在谈到文艺的时候，我们都比较喜欢用一种手法和一种手法比较，用一种行动和一种行动比较，却不大喜欢用一种事物和一种事物比较。一般的，把一个勇敢的男人比做一只狮子，把一个女人比做一颗星，把一个活泼的人比做一只鹿这是容易的。但是拉封登在他的一篇寓言里开头是这样的话：

仓促离穴的老鼠，
落到了狮子的爪下。
众兽之王这时为了显示自己的身份，
饶了老鼠的生命。

这时拉封登是把众兽之王的精神动机同一个真正国王的精神动机

相比较了。

米凯兰哲罗有巨大的才能使他所创造的一切主题具有高贵的气象。在他的著名的酒神像中,他同佛兰德尔的艺术家们所创造的酒神像完全不同,佛兰德尔的艺术家们表现给我们的是一种正在撞到什么上面,也可以说是一种正要跌下去的形象:这是同一位神的尊严不相称的。米凯兰哲罗画的酒神是稳稳站在那里的;但是他使酒神具有一种醉时的欢乐气氛,使酒神看到自己倒在杯里的酒时喜气洋洋,因而没有比它更出色的作品了。

在《基督的受难》这幅画里(现保存在佛罗伦萨画廊),他描绘着圣母没有痛苦、没有怜悯、没有悔恨、没有眼泪地站在那里望着遭受磔刑的儿子。作者认为圣母洞悉这一伟大的秘密,因而使她能以庄严伟大的心情对待这一死亡的场面。

在米凯兰哲罗的任何一个作品里都可以找到高贵的东西;甚至在他的草稿里,人们都可以找到伟大的东西。就好像味吉尔的那些未完成的诗篇一样。

在芒都地方由玉尔·罗曼[①]作画的巨人厅里,描绘着用雷电打击巨人们的朱庇特和惊惶失措的诸神:但朱诺就在朱庇特的身旁;她以一种有把握的神气把一个应当受到雷击的巨人指给朱庇特;这样他就给这个神以一种其他诸神所没有的伟大气氛:他们越是接近朱庇特,他们也就越是镇静;而这是理所当然的事情,因为在一次战斗当中,恐惧是不会接近占优势的一方的。

① 玉尔·罗曼(1499—1546),著名意大利艺术家,拉斐尔的门徒。

论规则

一切艺术作品都有一般的规则，这些规则有指导的作用，是任何时候都不应当忘记的。但是，既然法律在一般的情况下才永远是公正的，而在实际运用时又几乎永远是不公正的，则规则也是这样，它们在理论上永远是正确的，可是在用到假说上去时却又是谬误的了。画家和雕刻家确定了人体上应当遵循的比例，并且以头部的长度作为测量的单位；可是他们又不得不时时刻刻破坏这种比例，因为他们所要表现的人体姿态是不同的：比方说，伸开的胳膊比没有伸开的要长得多。任何人在任何时候都不能比米凯兰哲罗更通晓艺术了；也没有人能像他这样自由地运用艺术。从他留下的很少的一些建筑物看来，比例是十分准确地被遵守着的；可是，他虽然精通一切可以使人愉快的事物，看来在创造每一个作品时他还另有一种专门的办法。

尽管每一种效果都有赖于一个总的原因，但在这总的原因上又掺杂了这样多其他的特殊原因，以致每一后果就某种意义而论都有一个个别的原因。这样看来，艺术产生规则，而趣味产生例外；趣味告诉给我们，在什么样的情况下艺术应当服从，在什么样的情况下应当服从艺术。

以理性为基础的快乐

我常常说，使我们感到快乐的作品应当是建筑在理性上面的；

有的作品在某些方面不是这样,而其他方面却仍然使我们感到快乐,那它必然是尽可能不违背理性的。

我不知道为什么会发生这样的情况:艺术家的显而易见的愚蠢使得我们不再能欣赏他的作品。因为,在趣味的作品中,为了使它们能给人以快乐,就必须对艺术家有某种信任,不过在我们刚刚一看到他犯了违反常识的过错的时候,这种信任立刻就垮台了。

因此,当我在披萨的时候,我丝毫感觉不到快乐,因为在这里我看到人们把阿尔诺河和它的滚滚河水画到天上去。在热那亚我看到天上受难的那些圣者时,我也感觉不到任何愉快。这些作品粗糙非常,简直使人看不下去。

当我们在塞内加的《提埃斯特》(*Thyeste*)第二幕中听到,阿尔哥斯的老人们怎样像塞内加时代罗马公民那样谈到帕尔提亚人和奎里特人,怎样把元老和平民区分开来,怎样瞧不起利比亚的小麦、封锁了里海的撒尔玛特人和征服了达奇人的国王们的时候,一部题材严肃的作品里的这种无知是会引人发笑的。这就好像是人们要马利乌斯出现在伦敦的舞台上,并且要他说,正是由于下院的好意,他才不怕上院对他的敌视,或者要他说,他喜爱德行甚于罗马显贵家族从波托兹带来的全部财富。

如果事物在某些方面同理性相矛盾,却在另一些方面给我们以快乐,则我们的快乐的习惯,甚至利益也使得我们把它看成是合理的,譬如我们的歌剧,我们应当做到使它尽可能地不同理性相违背。在意大利,看到加图和恺撒在舞台上唱小调的那种样子,我实在是忍受不住;从历史上采取歌剧题材的意大利人,论趣味是不如我们的,因为我们的歌剧题材都来自神话或小说。由于有了奇妙的事物，唱起来就不会那么不自然，因为非常的事物看来是更适于用比较不自然的方式表现出来的。而且，大家认为，在魔法和诸神的交往中，歌唱可以有一种言语所没有的力量。因此，它在这里就比较合理，而我们也正好在这里运用它。

关于更有利的地位的考察

在大多数有趣的游戏中，我们的快乐的最普通的源泉来自这样一种情况，即由于某些小的意外事件，我们看到某一个人，但不是我们在发窘，比方说，这个人跌了跤，他不能逃脱，他追不上等等……喜剧里的情况也是这样，我们看到一个人犯了我们没有犯的错误，因而感到高兴。

当我们看到一个人跌跤的时候，我们相信他会吓一跳到超过应有的程度，因而我们觉得有意思。同样，在喜剧里，看到一个人发慌得超过了应有的程度，我们是会觉得有趣的。当一个严肃的人做一件可笑的事情，或是处于一种我们觉得同他的严肃不相协调的地位，我们也觉得高兴。在喜剧里的情况也是这样。当一个老年人受骗的时候，我们觉得有意思，因为他的慎重和他的经验成了他的爱着和他的吝啬的牺牲品。

但是，当一个婴儿跌倒的时候，我们不但不笑，反而可怜他，因为老实说这不是他的过错，而是由于他的软弱。同样，当一个年轻人由于盲目的恋爱，鲁莽地同他所爱的一个女孩子结婚并因此而受到他父亲的惩罚的时候，我们因他的不幸遭遇感到痛苦，因为他不过是追随了自然的倾向并且屈从于人世间的一般弱点罢了。

最后，当一个女人跌倒的时候，使她增加慌乱情绪的一切情况只会使我们觉得更加有趣。同样地，在喜剧里，凡是能增加某些登场人物的慌乱情绪的事物都会使我们感到愉快。

所有这一切的快乐，或是建立在我们生来的幸灾乐祸的心理上，或是建立在我们由于对另一些人的好感而引起的对某些人的反感上。

因此，喜剧的伟大手法就在于善于调度这种同情和这种反感，从而使我们在一出戏里不应有相互矛盾的感觉，而我们也不应当有憎恶或悔恨的心情去爱或是憎。因为人们根本不能容忍一个可恶的角色会成为引人的人物，除非在这个角色本身里具有这样的理由，或者所涉及的是一件使我们吃惊并可以帮助促成全剧的最后结束的行动。

游戏、终场、对比所引起的快乐

在一种纸牌游戏(piquet)里，我们用我们所知道的去猜我们所不知道的东西，从而得到快乐；而这种游戏的有趣之处就在于，看起来我们都清楚了，但实际上我们不知道的还有很多，这就激起了我们的好奇心。在戏剧方面也是这样。我们的精神所以受到好奇心的刺激，是因为我们在戏剧中看到一些东西，却又有其他的东西隐藏起来不给我们看。我们看到剧情的发展同我们原来所设想的不一样，因而知道我们所作的预测错了，这一点也会引起我们的惊讶。

骨牌游戏给人的快乐在于一种因为不可预知的三种结果而产

生的好奇心，这三种结果是胜、和、负。在戏剧中情况也是这样。这时，我们的心情是这样地紧张和不安定，因为我们无法知道它的结局是什么样子；而且我们又有这样的想象力，那就是如果戏是好戏的话，即使我们看一千遍，我们的紧张和我们对于剧情的无知（如果我可以这样说的话）仍然存在；因为在那时，我们为当时我们听到的一切感动到这样的程度，以致我们只感觉到人们在台上讲着的东西，只感觉到按剧情发展应当感觉到的一切；至于我们已经知道的东西，则只是保存在我们的记忆里，它们对我们已不再能造成任何印象了。

附录一　沙利·路易·孟德斯鸠

巴士金

孟德斯鸠是杰出的法国活动家。他是十八世纪法国早期启蒙哲学的代表人物之一，是在思想上准备了法国资产阶级革命的先驱者。在法国文学史上，孟德斯鸠也占有了一个牢固的地位。他的名作《波斯人信札》是散文艺术的光辉典范，几乎可以同方斯华·拉伯雷不朽的讽刺性的长篇小说《卡冈都亚和庞大固埃》这样的文学杰作并驾齐驱。孟德斯鸠在社会学方面起了非常巨大的作用。他虽然像所有的资产阶级启蒙学派一样也是唯心主义历史观的拥护者，但是他比其他许多启蒙学派更深刻地提出了社会发展的规律性和动力的问题。孟德斯鸠曾经坚决地进行了保卫和平，主张民族合作的斗争。直到现在，世界各国的民主力量在争取和平与民主的斗争中还经常引证他在这方面的卓越的言论。根据世界和平理事会的决定，1955 年广泛地开展了纪念孟德斯鸠逝世两百周年的活动。

孟德斯鸠是一个真正的百科全书式的人物。他在许多哲学问题上以渊博的学识著称；他是屈指可数的历史学、政治经济学和法律学的专家。孟德斯鸠深刻地研究了当代的自然科学，他在这方面的著作有《论重力》、《论海水的来潮和退潮》、《论相对运动》等等。因此，把恩格斯评论文艺复兴时代活动家的话放在孟德斯鸠这位有全面修养的典型思想家身上是毫不夸大的。恩格斯说："给近代资产阶级统治打下基础的人物，什么人都有，惟没有受资产阶级局限的人。"①

沙利·路易·孟德斯鸠诞生在1689年1月18日，即在法国资产阶级革命开始前的一百年。他死在1755年。孟德斯鸠的家庭出身是地方上的贵族。他的父亲在波尔多附近有一笔地产；波尔多是法国西南部吉伦特省的主要城市。他的伯父是一个富有的贵族，承袭了波尔多法院院长职务。作为唯一的继承人，孟德斯鸠后来自己也得到了这个主要从事审判活动的职位。但是他更加注意科学活动，曾经当选过波尔多科学院的院士。

孟德斯鸠虽然属于特权等级，但他在早年就发表过对国王政权的不满言论。这些言论部分地说明了地方贵族反对中央集权的君主专制制度的传统斗争。孟德斯鸠的家庭一向就是王朝当局的反对派。但是沙利·孟德斯鸠懂得：不应该从仅仅热中于地方分权的国家制度的贵族立场同专制制度进行斗争，而应该在当时更加先进的阶级的旗帜下，即在年轻的法国资产阶级的旗帜下同专制制度进行斗争。

十八世纪末期资产阶级革命前夜的法国共有二千四百万人口，其中僧侣和贵族这两个特权等级的人数不过四十五万。孟德斯鸠坚决不参加对法国人民实行血腥统治的微不足道的一小帮人的阵营，宁愿站在无权的第三等级这一边。他成了一位年轻的法

① 恩格斯：《自然辩证法》，人民出版社1957年版，第5页。

国资产阶级利益的早期捍卫者。

孟德斯鸠时代的法国已经有很大的手工工场企业。仅里昂一个丝织厂就有一万三千台纺织机。在铁制品、铜器、镜子、花边以及其他许多奢侈品生产方面也有相当可观的手工工场。国内贸易和国际贸易急剧地发展起来了。西印度贸易公司、东印度贸易公司、东方贸易公司、北方贸易公司以及其他贸易公司都成立了，法国资产阶级就通过这些贸易公司在北美、西印度、马达加斯加以及其他国家站稳了脚跟。资产阶级的经济力量壮大了，开始同占统治地位的政治制度产生了矛盾。封建专制制度阻碍了生产和贸易的发展，窒息了自由竞争，对资产阶级征收高额的赋税。法国国王路易十四的内阁权臣科尔伯虽然公开支持过资本主义企业，但是处处限制商人和工业家的活动。他曾经命令政府官吏“对商人严加管制：这些人绝对不会为公共利益奔走，他们只是追求个人的蝇头小利”。

当时有个著名的法国工程师沃班向路易十四呈递了一份“诚惶诚恐的”报告书，清楚地反映了法国资产阶级对国王政府的赋税政策的不满情绪。在这份报告书中他直接指出：由于不均等的赋税，法国全体居民中有十分之一都成了赤贫者；其余的十分之九中，有一半人的生活非常贫困，仅可饱腹、糊口，他们连施舍乞丐的钱也没有，有十分之三的人债务累累，只有十分之一的贵族、官僚、金融资本家和包税人才享受到幸福美满的生活。

资本主义经济要最后取得胜利，不可能没有国内市场；但是当时国内市场的进一步繁荣受到了法国广大人民群众低下的购买力的限制。有一个法国主教对当时农民的生活状况是这样描写的，他说：

“我国农村人民的生活极端贫困，家徒四壁，没有床铺和桌子；大多数人的唯一食物都是稞麦粉和燕麦，甚至有半年吃不饱肚子的；为了纳税，他们不得不省吃俭用，甚至连孩子也不得温饱。我国海岛上的黑奴也比他们幸运，因为只要肯干活，他们和家属都能丰衣足食，但是我们全国最辛勤的农民呢，尽管劳动异常繁重，却无糊口之资……。”

号称自由的农民继续向自己的领主缴纳租赋，维持封建主的司法机构，捐助修桥筑路的各种费用。法律规定法国农民应当把谷物送到领主的磨坊里去磨，应当在地主的面包房里烘烤面包，这也是要缴一大笔使用费的。此外，法国还有一种佃农，他们从地主那里租到土地，因此得缴出大部分的收成。

手工业者、工人、城市贫民的处境是困苦的。他们受到了年轻的资产阶级和封建专制政权的双重压迫。

国王政府不顾法国人民的根本利益进行了许多次的冒险战争，给法国经济造成了空前的损失。著名的奥国王位继承战争（1740—1748 年）和七年战争（1756—1763 年）所得到的战果是，法国把自己在美洲和印度的一大片属地让给了英国，法国的海外贸易一落千丈。英国商品甚至在法国内地也排挤了法国商品。在路易十五时期，法国经历了严重的财政危机，在这次危机中许多有影响的贸易公司和金融公司都破产了。资产阶级公开地散布对现存社会秩序的不满情绪。他们要求取消等级特权，降低工业税和商业税，改革司法工作。

孟德斯鸠主张资产阶级和贵族妥协，他力图在自己的作品中反映这些要求。他虽没有正面号召用强力推翻腐败透顶的封建专制制度，然而他那些卓越的著作对于后来这种制度的垮台是曾经起过推动作用的。

吉伦特省，这个孟德斯鸠度过他的幼年时代的地方，在中世纪时期，特别是在 1548 年和 1650 年，乃是人民起义的一个中心地区；这两次起义在整个法国历史上发生了巨大的影响。直到十八世纪吉伦特省的老百姓对这些起义都还记忆犹新。孟德斯鸠故乡的革命传统在他的著作中是有反映的，不过这种传统并未得到应有的发挥。

孟德斯鸠在他的作品《波斯人信札》中之所以无情地批判专制的法国，首要原因是法国的农民和手工业者生活得很坏。孟德斯鸠痛恨统治阶级的寄生生活。他声称："巴黎也许是世上最重嗜欲的城市，那里人们最考究享乐；然而这也许同时是生活最艰苦的城市。为了一个人生活得十分舒服，必须有一百人为他不停地劳动。"①

孟德斯鸠的这些思想是十七世纪平民运动的口号的再现。但是他本人并没有从自己对封建制度的批评中直接做出革命的结论。他和其他的法国资产阶级启蒙运动者一样，一点也不承认人民群众在历史上的决定作用。他认为只要限制一下国王的权力，按照英国的榜样在法国建立君主立宪政体，就可以解决问题。但是孟德斯鸠这些观点的历史局限性并不妨碍他成为一位最早的争取在法国实现资产阶级民主制度的思想战士。引证他的著作的不

① 参阅孟德斯鸠：《波斯人信札》，人民文学出版社 1958 年版，第 182 页。

仅有吉伦特党人，而且也有以马拉和罗伯斯庇尔为首的雅各宾党人。马拉谈到《波斯人信札》中的一封信时写道："多么深邃的思想……，在这里，孟德斯鸠好像附带规定出一些伟大的原则，这个世界的不稳固的繁荣应当建立在这些原则的基础上。他阐明的真理是无知的人想不到的，也是当代的哲学家所忘记的。"

并不是所有孟德斯鸠的著作都对革命的法国发生过同样大的影响。不过他的三部主要作品却享有盛名，这三部著作是：《波斯人信札》(1721 年)、《罗马盛衰原因论》(1734 年)和《论法的精神》(1748 年)。

《波斯人信札》是用清晰的形式写成的。在这部机智焕发的作品中，孟德斯鸠假借一个漫游欧洲的波斯人的名义来批评法国的生活，这个波斯人虽然过惯了东方专制政体的生活方式，却在法国看到了更加专制的制度。

孟德斯鸠的《波斯人信札》是资产阶级和贵族的沙龙中的读物，也是小书摊上的读物，甚至在巴黎的街头也有人在读它。这部书是第三等级的代表们在建立新制度、破坏封建习俗和封建传统、反对君主政体和国王个人的斗争中的一柄锐利的思想武器。不过孟德斯鸠本人并没有在他的著作中力图把自己表现为一个革命的斗士，而是力求成为一个温和的改革者。

孟德斯鸠的著作《罗马盛衰原因论》具有极大的进步意义。在这部书里，作者企图根据罗马的史实证明只有在公民得到自由和独立的地方，在共和的风俗习惯盛行的地方，社会才能顺利地发展。凡是公民没有自由思想并且受人奴役的国家，就一定会衰落下去，最后，终于会在内外敌人的夹攻下一败涂地。从孟德斯鸠论罗马的著作中可以直接得出一条政治结论:如果法国人民十分热爱自己的祖国,他们就应当彻底消灭国王的专制统治和封建的等级关系。虽然孟德斯鸠并没有直接做出过这样的结论,但是充满着革命的情绪的读者看过他的著作以后正是这样思考的。孟德斯鸠的《罗马盛衰原因论》一书是法国资产阶级革命的思想泉源之一。

在《谈谈欣赏自然作品和艺术作品的经验》一书中,孟德斯鸠分析了美学、认识论和心理学的各种问题。他承认实物世界在概念形成过程中的决定作用,他力图证明,自然界给我们的享受比任何艺术作品都要大得多,不过他的论证是模糊的和矛盾的。由此可见,孟德斯鸠是唯心主义艺术观的反对者。在唯心主义艺术观看来,艺术是同物质现实界对立的一种美的观念世界。特别值得注意的是孟德斯鸠存在着一切艺术家必须共同遵守的客观的艺术规律的思想。《谈谈欣赏自然作品和艺术作品的经验》是十八世纪一篇光辉的哲学著作和美学著作。

孟德斯鸠的全部科学活动和文学活动的最高成就是《论法的精神》。他在这上面花了二十年的劳动。在这部著作里,他把自己的哲学、社会学、法学、经济学和历史学的观点总结成了一个体系。在这里,孟德斯鸠用早期资产阶级启蒙运动的精神来批评对社会及其规律性的封建宗教观点,揭露封建等级制的君主政体,反对各种反动的王朝战争。

法国的启蒙哲学对于无神论的发展作出了很大的贡献。列宁在《论战斗唯物主义的意义》一文中鲜明地指出过十八世纪老无神论者所写的那些笔调遒劲生动,天才独到,诙谐而公开攻击流行僧侣主义的作品。孟德斯鸠既不是唯物主义者，也不是无神论者，但是他对天主教所作的批评，和后来发展成对一般宗教的批评，有时同霍尔巴赫最好的无神论小册子并无轩轾。

孟德斯鸠关于国家与法的理论的言论具有重要的意义。他主张议会制度，主张资产阶级式的法制。他的思想尽管有阶级局限性，不彻底，也不急进，但是当帝国主义资产阶级抛弃了资产阶级的民主自由的时候，这些思想对我们今天就有了新的积极的意义。

孟德斯鸠是大革命以前法国杰出的儿子。他从理论上概括了年轻的法国资产阶级阶级斗争的经验，他广泛地钻研了古代、中世纪和近代许多哲学家和历史学家的著作，并且在这个基础上总结了自己的思想。孟德斯鸠早在中学读书的时代，就研究了古代的典籍。后来他的成就使他有权算作古代哲学和历史编纂学的优秀的专家。他特别精通柏拉图和亚里士多德的著作以及有关这两位作家的全部文献。但是孟德斯鸠主要是一个社会学家，所以他特别注意于亚里士多德的《政治学》。同中世纪的传统相反，他不是把亚里士多德看作“基督在自然事务中的最初代言人”，而是看作同神学完全无关的世俗思想家。他从资产阶级启蒙学派的立场批评亚里士多德，特别是驳斥亚里士多德关于奴隶制度的合理性的原理。孟德斯鸠根据资产阶级民主主义者人们生来都是平等的论点，证明了亚里士多德的《政治学》关于自然本身仿佛使一些人成为奴隶，而使另一些人成为自由人的根本原理是站不住脚的。在《论法的精神》一书中，孟德斯鸠直接宣称：亚里士多德虽然主张奴隶制度是合理的，不过他提不出任何稍微有说服力的理由。孟德斯鸠引证普卢塔克时说，事实上，曾经有一个时候社会上并没有奴

隶主和奴隶，但是在奴隶占有制时期起作用的那些自然规律在这个社会里仍然存在。

最受孟德斯鸠赏识的罗马社会活动家是西塞罗。他对西塞罗积极参加政治生活估价很高。

孟德斯鸠详细地研究了培尔的各种著作，包括他的处处仇视中世纪经院哲学的《历史批判辞典》在内。孟德斯鸠完全同意培尔对天主教会的信条采取怀疑的态度。他支持培尔关于规定信仰自由的要求。孟德斯鸠一方面批评培尔对基督教的指责过于激烈，并且表面上不同意他的意见，说他是一切宗教的"诬蔑者"，但是他同时又公开称培尔是一个"伟大的人"，应当受到高度的尊敬。

孟德斯鸠对霍布斯的唯物主义哲学表现了同样大的兴趣。他把主要注意力放在霍布斯关于人的自然状态以及关于国家起源的学说上。他坚决地驳斥了霍布斯所谓一切人反对一切人的战争似乎是原始公社制度的特征的原理。在一般哲学问题上孟德斯鸠大大落后于霍布斯，但是对于许多社会学问题的提法和解决却比霍布斯高明些。

孟德斯鸠很熟悉意大利早期资产阶级思想家马基雅维里的著作。他对马基雅维里批评教会、试图理解历史的客观规律估价很高。同时孟德斯鸠根本上反对马基雅维里主义，因为这种主义奉行支持诸侯和国王的专制政体、不讲原则、不顾信义的政策。

孟德斯鸠也像所有其他的法国启蒙学派一样。不仅研究了哲学、社会学和历史学，而且对艺术理论和艺术史也有热烈的兴趣。1726 年，他辞去了国家的官职，开始浏览自己祖国的全部卓越的古代艺术作品；1728 年，他启程游历欧洲，以便仔细地研究英国、德国、意大利、荷兰以及其他各国的文化。

孟德斯鸠敌视封建教权主义的文化，为了批判专制制度，他力图彻底掌握各种科学知识，运用这些知识来揭穿这种过时的制度。就文采和机智来说，孟德斯鸠比不上伏尔泰，其次，他也和他的这位伟大的同胞不同，孟德斯鸠的保守性更大一些，妥协性更强一些；然而在学识的渊博以及批判过时的封建专制制度时所引用的论据的高度的严谨性和逻辑性方面，孟德斯鸠对伏尔泰是毫无逊色的。从这个意义讲，我们可以把孟德斯鸠同伏尔泰放在一起，算做法国启蒙运动的主要代表人物之一。

* * *

按孟德斯鸠的哲学世界观来说，他既不是唯物主义者，也不是无神论者。他是法国早期自然神论的代表之一；这种学说虽然认为上帝是宇宙的创造者，但同时又肯定上帝并不干涉自然界的事务。这些自然神论者都保卫了启蒙运动，否定了教会对奇迹的信仰。不少卓越的法国启蒙运动的代表，像伏尔泰和卢梭这样一些人，就采取了自然神论的立场。

马克思写道："自然神论——至少对唯物主义者来说——不过是摆脱宗教的一种简便易行的方法罢了。"[①]在孟德斯鸠看来，自然神论就是同经院哲学作斗争的简便的方法，是宣传自由思想和先进科学知识的一种手段。他在《论法的精神》中，一开头就宣布上帝是自然界的创造者和保养者，同时坚决强调：上帝是依据客观的、永恒的，而且不能任意改变的必然规律进行活动的。孟德斯鸠

① 《马克思恩格斯全集》，人民出版社1957年版，第2卷，第165页。

的这种表述几乎完全符合荷兰唯物主义哲学家斯宾诺莎的意见。斯宾诺莎在他的《伦理学》第4部分序言中写道:"……我们称之为上帝或自然的那个永恒而无限的实体,依照它据以存在的那个必然性进行活动……"①。

孟德斯鸠断然反对神学关于"奇迹"的概念,认为"奇迹"是对事物的自然过程的破坏。他认为,即使上帝愿意,它也不可能撇开世界所固有的客观规律而统制世界。孟德斯鸠推论说,虽则自然界是上帝所创造的,但是现在上帝就是用强力也不能把它消灭掉。他说到世界的存在没有终点,并且不仅批评认为实在物体是上帝理性的表现的神学家,而且也批评把上帝同自然界混为一谈,把自然界看作上帝的体现的泛神论者。孟德斯鸠坚定不移地宣称,世界没有理性,并根据这点驳斥托马斯·阿奎那的神学,因为在阿奎那看来,现实的物质世界中每一个对象和现象都是上帝自觉活动的结果。孟德斯鸠的上帝和大多数自然神论者的上帝一样,很像立宪君主:他虽进行统治,但并不管理。

孟德斯鸠的自然神论同伏尔泰和卢梭的自然神论一样,说明这一部分启蒙学派的哲学世界观落后于杰出的法国唯物主义代表们的世界观。

尽管孟德斯鸠没有否定上帝的存在,但是他大大地推动了对宗教的批判,特别是推动了对天主教的批判。孟德斯鸠在这方面的主要功绩就是:他没有停止在反教权主义的宣传工作上面,这就

① 斯宾诺莎:《伦理学》,参看《斯宾诺莎著作选集》上卷,1957年莫斯科俄文版,第522页。

是说，不限于批判僧侣和教会组织，更进一步企图从根本上批判宗教世界观。孟德斯鸠证明，宗教问题同科学是毫不相干的事情。从这里他作出结论说，科学不应当成为宗教的婢女，因为宗教只能相信上帝和教会的信条。在这位伟大的法国启蒙思想家看来，理性应当帮助人认识客观的物质世界，使人的生活得到改善。孟德斯鸠把宗教仅仅看作管理国家的手段。他跟伏尔泰一样，认为如果没有上帝，也得想出一个，因为对上帝的信仰有助于资产阶级制度的建立。

从孟德斯鸠的观点看来，主要问题是宗教限制了和减轻了专制统治，改善了臣民及其统治者的道德。孟德斯鸠也有在当时一般异教徒所共有的思想：每种宗教都同一定的地理条件和社会条件相适应，因此不应当采取强迫命令的办法去干涉人们的信教。如果我们懂得，在天主教会独占统治的国家里，在对一切异教徒，尤其是对无神论者实行暴力镇压，同时实际上继续进行宗教裁判的国家里，这种鼓吹信教自由、主张一切宗教平等的言论是受到禁止的，那就很容易了解孟德斯鸠论宗教的意见的进步作用。

在《波斯人信札》中，孟德斯鸠贯串着这样一种思想：伊斯兰教是最适合东方国家的宗教。他认为天主教是法国和其他一些西欧国家的真正的宗教。孟德斯鸠的推论过程大致是这样的：宗教自身不可能使人产生正确的世界观；先进人士不要面向宗教，而要面向科学；但是，为了资产阶级的利益，不要消灭宗教，而要用资产阶级的宗教来代替封建的宗教；宗教应当为第三等级服务，而不要为封建社会的两个特权等级服务。

孟德斯鸠勇敢地驳斥宗教信条，他宣称，最真实最神圣的信条归根到底会产生极端恶劣的后果。孟德斯鸠特别坚决地反对宗教关于灵魂不死的学说。在他看来,相信灵魂不死会给社会造成巨大的损害,因为这种信仰使人们失掉履行公民义务的兴趣。人们都只想到灵魂住到“来世”去,毫不关心他们的现实生活,也不考虑对社会制度进行改革。

孟德斯鸠在《论法的精神》第 24 章第 14 节中表示怀疑宗教所谓地狱和天堂的学说。他所注意的只是这种学说的政治意义。孟德斯鸠认为,信仰来世受惩罚,对于犯罪分子是一种抑制性的刺激物。因此,凡是宗教承认天堂和地狱的地方就可以减轻刑事立法。在占统治地位的宗教不应允正直的人来世享受天堂的幸福,也不约定作恶的和犯罪的人要受到地狱的苦难的那些国家里,情形就不同了。孟德斯鸠认为,在后一种场合下,没有抑制人的情欲的最严峻的专制法律是不行的。

在同一节中,孟德斯鸠通过对伊斯兰教的批判批评了奥古斯丁的定命论;根据这种学说的说法,上帝早就注定了谁应当是正直的人,谁应当是作恶的人。孟德斯鸠作了一个深刻的评语说:定命论使人们消极无为,它是“灵魂懒惰”的产物。

在“论灵魂转世”的一节中,这位法国启蒙运动者把灵魂不死的基督教信条同印度人关于灵魂转世的学说作了一番比较。孟德斯鸠对待基督教的宗教信条和印度人的宗教信条,本质上都是毫无区别的。这两种宗教的信条都没有经过理性法庭的任何批判。在回答两种信条中哪一种对国家比较有利的问题时,他得出结论说,印度人的观点有许多胜过基督教的地方。

孟德斯鸠不承认宗教世界观是客观真理,他作出结论说,在宗教问题上绝对不准许强迫命令的作风。他教导说，人类的法律以理智为基础，所以法律在逻辑上应当是可靠的，并且带有强制性。宗教制定的法律就不一样。那些法律不是以理性为根据，而是以心灵为根据，因此它们只起训诫和劝告的作用。

孟德斯鸠同主张宗教和道德不能并存的法国唯物主义者不同，他承认宗教在社会发展中的道德意义。但是他在这个问题上有一点保留：并不是任何宗教都会产生道德。这位法国启蒙运动者肯定地认为，宗教信条甚至能够鼓励像淫荡这样的不道德行为。

孟德斯鸠在《论法的精神》第 24 章第 12 节要求基督徒的苦行同劳动的思想结合起来，而反对同怠惰的思想相结合。他得出一个深刻的结论：基督教宣布彼岸生活比尘世生活重要，这就等于否定任何劳动活动的意义，这种活动即所谓纯粹的世俗关系。在“节日”一节中，孟德斯鸠公开地抗议教会节日的层出不穷，这种情况是天主教和其他宗教的特色。这位法国启蒙运动者针对着宗教要求停止工作的命令，指出宗教应当考虑人们的需要，而不要替它所尊敬的存在物讲排场。孟德斯鸠在引证古代雅典的历史经验的时候断言，雅典宗教节日的数目太多，妨碍了雅典人民妥善地处理自己的政治事务。在孟德斯鸠看来，甚至各个基督教国家星期天的休假也不应当妨碍紧张的农业劳动。

孟德斯鸠很注意宗教的起源问题。他和一切资产阶级启蒙运动者一样根据唯心主义的历史观断言说，宗教的产生归根到底是由于立法者的活动的影响，宗教直接依赖于这种或那种政治制度。孟德斯鸠深信，天主教最适合于君主政体，新教最适合于共和政体。至于伊斯兰教，他认为那是专制政体的直接结果。孟德斯鸠根据这点推论说，教会没有权利觊觎世俗政权。如果宗教不违反国家法律，不妨碍公民履行自己的社会义务，一切宗教都可以容许存在。每一个人都有权按照自己的方式信仰上帝，有权否定任何宗教信条，国家政权不应当因为人们的世界观而惩罚他们。在这个问题上，孟德斯鸠表现出他是法国资产阶级革命的思想先驱，是要求信教自由的启蒙运动者。

孟德斯鸠在“宗教自由”一节中申明说，他不是以神学家的身份，而是以政治家的身份要求信教自由。孟德斯鸠不愿意同天主教彻底破裂，甚至情愿承认原则上的优先地位是属于天主教的。但是他又常常强调：即使天主教是“真正的宗教”，也不应当用火和剑来巩固它。孟德斯鸠教导说，强迫命令和暴力威胁最后只会造成损失，绝不会使任何人信服什么。他在《波斯人信札》中写道：狂信的波斯伊斯兰教徒对拜火教徒进行迫害，使他们不得不成群结队地离开波斯，结果波斯国丧失了许多热爱劳动的农民。由此可见，宗教狂信使国家受到了巨大的损害。孟德斯鸠叙述说：波斯王手下的某些大臣企图强迫波斯境内所有的亚美尼亚人或者信奉伊斯兰教，或者离开波斯。如果这个野蛮的决定被接受了，那么按照《波斯人信札》作者的意见，波斯的伟大就会被断送。

天主教徒的狂信给人民造成了巨大的损害。它使得某些天主教国家把许多最富于进取精神和最有劳动能力的公民驱逐出境。孟德斯鸠暗示说，某些信奉路德主义的国家之所以强大，是因为它们收容了从宗教裁判的魔掌下逃脱出来的那些流亡分子。他正是在这个意义上来谈论这些国家的独立精神和自由精神的。

在《论法的精神》第25章中，孟德斯鸠愤怒地谴责宗教法庭在里斯本烧死一个不信基督的十八岁的姑娘。孟德斯鸠向宗教法庭的法官们声称，你们生活的世纪是启蒙运动和先进哲学的光芒已经照亮了人们的心智的世纪。你们死抱着陈腐丑恶的偏见，这只能说明你们野蛮残暴，愚昧无知，毫无道德。宗教法庭力图拿死刑强迫人们接受天主教，这只是证明它的软弱无力。孟德斯鸠英勇地宣告，宗教法庭的活动使欧洲蒙受了耻辱。

值得注意的是孟德斯鸠反对教会干涉家庭和婚姻问题的专门议论。他论证说，基督教一方面谈论婚姻的神圣性，另一方面又把独身生活标榜为至高无上的美德，因此它就抬举了天主教神甫和僧侣那些伪善的洁白君子。于是，教会视为神圣的不幸的婚姻数目不断增加，儿童出生率不断下降，形成着一大帮一大帮把独身生活当作谋生之道的集团。

孟德斯鸠通过伊斯兰教徒的口批评了基督教徒，他说：

“我觉得他们的神学博士，显然自相矛盾：他们说婚姻是神圣的，而与此相对立的独身，更其神圣，且不说按照教条和教则，好的事情必定是绝对地好。”

“故意实行独身生活的人，为数奇多。往昔父亲们将子女从摇篮时代起就断送于独身生活；今天，子女们自己从十四岁起，献身此道；其结果几乎一样。”

“这禁欲的职业，摧残了许多人，即使瘟疫和最惨烈的战争，也从来不至于如此。”①

孟德斯鸠把不容许有独身的僧侣的新教同天主教对立起来，

① 孟德斯鸠：《波斯人信札》，人民文学出版社 1958 年版，第 201 页。

他断言，在这个意义上，同天主教徒比较起来，新教给予新教徒一个极大的优点。孟德斯鸠不像伏尔泰那样对待盛行于法国的天主教教会，他没有提出像“消灭败类”之类的口号，但是他同样令人信服地论证了梵蒂冈崩溃的历史必然性。不过作为一个批判一切宗教迷信的真正的启蒙运动者，孟德斯鸠绝对没有奉承新教。他认为，新教徒们可以顺利地进行贸易，发展手工业，然而他们的教义也同天主教一样地违反科学和启蒙的利益。

孟德斯鸠把宗教留给“心灵”，留给“道德”，使它同科学对立起来，并且认为科学是正确认识世界的强大工具。他像机械唯物主义者霍布斯一样，把按照机械规律运动着的物质宣布为真正科学的对象。孟德斯鸠有时也说运动是变化，但是他所谓的变化永远是逐渐地、没有飞跃地、永远是在某种质的范围内发生的。

孟德斯鸠写道：“……世界绝不是万古长存的，就连天体本身，亦非永远不坏。天体变化，天文学家是目睹的证人；而这些变化，是宇宙中物质运动之极自然的结果。”

“地球和其他行星一样，受运动规律支配……‘自然’的作用，总是很缓慢的，并且可以说是很节约的。‘自然’的动作从不是暴烈的；甚至在生产方面，‘自然’要求节制；它总是按照规矩和分寸行事的；人如强迫‘自然’，使它加速进行，它不久就会落入衰弱不振的境地；它用全部剩余的力量保全自己，同时完全丧失了它的生产机能和生殖力量。”①

孟德斯鸠认为科学的基本任务在于研究物质现实界的客观因

① 孟德斯鸠：《波斯人信札》，人民文学出版社 1958 年版，第 193、196 页。

果联系。他承认经验的巨大作用，同时也证明了，没有理性，没有对感性知识的理性改造，就不可能认识现实界。他批评经院哲学家，责备他们主要有两个基本缺点：轻视经验和轻视健全的思想。

谈到当代诗人的时候，孟德斯鸠用讽刺的口吻称呼他们，说他们的职业在于阻碍健全的思想，以及用各式各样的装饰来压制理性，就像当年人们将妇女掩埋在各式各样的浓妆重饰之下一样。

孟德斯鸠特别坚决地反对把神学也叫做科学。任何学者都清楚地了解他所研究的对象。神学家研究上帝，但对上帝毫无所知，他所研究的不过是强加在上帝身上的人类自己固有的特性罢了。

孟德斯鸠写道："最明达的哲人，关于上帝的性质加以思考之后，说上帝是至高无上地完善；但是他们极度滥用了这一意念，因为他们列举人间一切可能的和意想得到的完善之点，加在'神'这个观念上，却没有想到这些特点，常常互相抵触，并且它们不能存在于同一对象上而不互相破坏。"①

从这里显然可以得出一条结论：科学不可能也不应该研究任何"超自然的东西"；所谓认识只是客观上存在着的物质世界在人类头脑中的反映。

但是孟德斯鸠不可能把唯物主义的认识论彻底加以发挥。他同洛克一样认为认识有两种来源，一种来自外部世界，一种来自人的内心活动。在他的著作《谈谈欣赏自然作品和艺术作品的经验》中，孟德斯鸠的基本思想是心灵有双重的能力：既可以反映在人以外存在的对象，又可以反映仅仅在人类"大我"本身中存在的观念。

① 孟德斯鸠：《波斯人信札》，人民文学出版社 1958 年版，第 123 页。

孟德斯鸠不懂得唯物主义的根本原理，这就是说，他不懂得：自然界、物质世界是第一性的，意识是第二性的；意识是存在的反映；因此人的精神活动没有两个来源，而只有一个来源，即物质的来源。

孟德斯鸠有时也对宗教表示尊敬，还提出精神活动的第三种来源是上帝的说法。他在《论法的精神》一书中附和着传统的经院哲学的意见，硬说上帝经常通过宗教戒令使人们想到自己。作者的进步性就在于，他并不认为必须论证这种思想，他自己实际上就不承认这种思想，因为他证明了宗教信条是以地理环境和政治制度为转移的。一般哲学观点上的不彻底性不只是孟德斯鸠的特色，就连卢梭和伏尔泰那样的启蒙巨匠一方面批判宗教和经院哲学，另一方面又有一套反动的计划，妄图建立精巧的新式宗教，即伏尔泰所谓的理性宗教和卢梭所谓的情感宗教。这样看来，孟德斯鸠甚至有一定的高明之处：他同伏尔泰和卢梭不同，绝对没有讨论过“真正宗教”的问题。孟德斯鸠的主要意图是证明当时两大宗教即以天主教为首的基督教和伊斯兰教是虚妄的。同时在批判宗教的时候，他的基本路线不是同神甫们进行斗争，而是对这两种神学本身进行批判。

同卢梭一样，孟德斯鸠只是附带地探讨了认识论问题。他的主要精力都花在社会学问题上面。他首先是作为一个杰出的社会学家载入史册的。在这方面，孟德斯鸠同法国唯物主义的典型代表——拉美特利、霍尔巴赫、爱尔维修和狄德罗——有很大的差别；法国唯物主义者在分析认识论方面揭开了新的一页。

*　　　　*　　　　*

作为一个社会学家，孟德斯鸠力图从世俗的观点来看社会。

他坚决地驳斥了奥古斯丁认为历史是两种原则的斗争即世俗的原则和宗教的原则的斗争的看法。孟德斯鸠同样坚决地反对托马斯·阿奎那从“神的意志”中引申出国王的权力，反对他硬说社会生活归根到底由“神的法律”来决定。孟德斯鸠本着自然神论的精神承认上帝是万物的第一推动力，但是认为在社会现象中去寻找神的定命是毫无根据的。因此这位法国启蒙运动者注重现实的关系，根据许许多多的历史事实对社会进行分析。

孟德斯鸠比十八世纪先进社会思想的其他代表高明的地方，是他具有博大的历史眼光。他的《罗马盛衰原因论》和《论法的精神》包含着有关民事史、国家和法的历史、生活方式和家庭关系史等方面的丰富知识。

社会学家孟德斯鸠的主要功绩之一是他对经济问题的专门研究。孟德斯鸠保卫重商主义的某些原理。按照马克思的说法，这种经济理论是对资本主义生产方式的第一次理论分析。像重商主义者一样，孟德斯鸠把主要的注意力放在商业问题上，放在流通问题上，而不是放在生产问题上。在孟德斯鸠看来，资本主义的利润不是从剥削无产阶级得来的，而是由于商品的出售价格较高。因此孟德斯鸠很重视对外贸易的飞跃发展和对外贸易的顺差。孟德斯鸠发挥了关于商业的决定作用的原理，并且根据这种原理得出了一条结论说：如果法国卖出的商品比买进的商品多，它就会变成一个最富庶的资本主义国家。孟德斯鸠在研究了罗马帝国的历史以后得出结论说，过去强大的罗马衰亡的最悲惨的结果就是国内贸易和国际贸易的破坏。在贸易中只看到掠夺的对象的野蛮人，这使人类远远落后了。孟德斯鸠同样完全从商业利益的观点出发来考察美洲的发现，因此他批评西班牙人，说他们把新大陆只看作是侵占的对象。他提出这样一个论点：攫取殖民地的目的不应当是为了得到这些或那些政治特权，攫取殖民地主要是为了扩大贸易。

特别值得注意的是《论法的精神》中专门讨论了货币问题的第22章。在这一章中货币被确定为一种表示一切商品的价格的符号。孟德斯鸠企图在货币问题上超过重商主义的观点。他是所谓货币数量说的创始人之一，由这种理论看来，货币价值的大小决定于它们在流通领域内的数量。马克思在《资本论》中批判货币数量说的时候写道，这种理论是根据一个荒谬的前提的，这个前提是："在加入流通过程之际，商品是没有价格，货币也没有价值；然后在流通过程之内，商品总和一个整除的部分，会与贵金属总和一个整除的部分相交换。"[①]孟德斯鸠的货币数量说虽然犯了许多错误，但是比重商主义者把黄金看作财富的唯一体现者的传统观点是有一定的进步的。

尤其值得注意的是孟德斯鸠试图阐明货币流通的历史。他特别指出，古代雅典人并没有使用金属货币，他们当作货币的是公牛，而罗马人则用绵羊作货币。孟德斯鸠认为文明化的主要任务之一就是不断地增加黄金和白银的数量。因此他赞扬英国的贸易精神，并且指出，英国的全部政策最后是由它的对外贸易的利益决定的。孟德斯鸠说过，英国人比其他民族更加会做生意，它因此获得了大量的财富。

① 马克思：《资本论》第1卷，人民出版社1953年版，第118页。

孟德斯鸠在鼓吹对外贸易的作用的时候,认为这种贸易是联系各个民族的最强大的因素。这位法国启蒙运动者宣称,贸易往来自然而然使人们向往和平,因为两个民族互相进行贸易就会产生相互的依赖性、共同的利害关系和友谊。

孟德斯鸠像其他所有的资产阶级经济学者一样把商品货币关系奉为神圣,并且进而得出一个错误的论断:“要是有钱人不挥霍的话,穷人便要饿死。”①孟德斯鸠就用这种道理替统治阶级的寄生生活辩护。马克思认为,这种观点不仅说明这位法国启蒙运动者站在资产阶级立场上,同时还说明他接受了中世纪贵族的观点的影响。

在承认商业作用的同时,孟德斯鸠也非常重视工业的发展。他对许多能够提高劳动生产率的技术发明都有兴趣。他在《论法的精神》一书中专门写了一章来论述奖励工业的方式。他建议把奖金发给有出色的劳动成绩的农民和手工业者。孟德斯鸠认为这些措施适合于任何国家。

通过对土地占有者的收入和工业家的收入的比较,孟德斯鸠力图证明工业有一些特殊的优点。他写道:“你必须十分注意工业的收入能有多大。一笔资金每年只能给它的主人产生原数二十分之一的利息;可是,用一个比斯多尔的颜色,画家画一幅图画,可以值五十比斯多尔。金银首饰匠、毛织工匠、丝织工匠以及各种各类的手工艺匠人,可以说情况都与此相同。”②但是,为了表示尊敬重

① 孟德斯鸠:《论法的精神》上册,商务印书馆 1961 年版,第 99 页。

② 孟德斯鸠:《波斯人信札》,人民文学出版社 1958 年版,第 183 页。

商主义,孟德斯鸠错误地认定商业比工业重要。

不论孟德斯鸠的经济学观点多么褊狭,这些观点毕竟打击了封建的闭关自守思想,它们的目的在于发展工商业。

在他的社会学著作中,孟德斯鸠把主要注意力放在法律学问题上。他的著作《论法的精神》是独具一格的法学百科全书。在这本书里,孟德斯鸠表现出启蒙学派的特征,即相信进步法制的万能。爱尔维修当时曾写道:“法律创造一切。”[①]像爱尔维修及其他资产阶级启蒙学派领袖一样,孟德斯鸠充满了对法律的迷信。他错误地认为经济基础依赖于国家制度。但是那种以为理想的法律能够改变整个历史进程的思想,在十八世纪则是十分进步的,它具有反封建的意义。当时的情况是要废除封建的国家和法律,而代之以资产阶级的国家和法律。

为了论证年轻的法国资产阶级的政治要求,孟德斯鸠认为必须全面地考察国家制度的各种形式,说明各种立法制度和司法制度的历史。在这方面,他的《论法的精神》一书在十七、十八世纪的全部文献中是无可伦比的。

孟德斯鸠跟霍布斯不同,霍布斯主要是根据不顾历史事实的逻辑前提建立起自己的国家学说的,孟德斯鸠则企图走另一条比较正确的道路:他力求根据那些历史事实作出理论性的结论和概括。尽管孟德斯鸠的概括往往总不正确,但是希望从本质上分析法律问题,研究过去的和现在的事实真相,而不是根据抽象的理论

---

① 爱尔维修:《论人及其智力和教育》,苏联国家社会经济书籍出版社,1938 年莫斯科俄文版,第 355—356 页。

家的空洞纲领研究应该是什么，这样一种意图本身，就揭开了先进社会学思想发展史上新的一页。

孟德斯鸠作为一个社会学家，很快就得到了全世界的公认，他的思想成了进步的资产阶级反对中世纪宗教社会理论和国家理论的斗争的一面旗帜。

孟德斯鸠在他的社会学和历史学著作中提出了哪些一般理论问题呢？

首先使他感兴趣的问题是：人类社会是不是上帝所创造的，历史是不是一团混乱的、偶然的个别事件，换句话说，人类社会中有没有既不以上帝为转移，也不以人为转移的客观规律的作用。

这位法国启蒙运动者的主要功绩就在于肯定了社会生活是一个有规律的过程，同时社会规律不是从外部强迫社会接受的，而是作为许多个别社会现象的内在本质存在于社会自身中。

在《论法的精神》一书中，孟德斯鸠深刻地阐明了作为事物本性固有的必然关系的规律的客观基础。但是，同其他的启蒙运动者一样，孟德斯鸠也认为社会规律是立法者任意活动的产物。他把作为法律学范畴的法规同不以人的意志和意识为转移的社会规律混为一谈。因此，在他的著作中有不少主观唯心主义的、唯意志论的关于规律的说法。比方在《论法的精神》第1章第3节中，孟德斯鸠就断言：法规是支配世界上一切民族的人类理性的，而政治法规和民事法规则应该只是适合这种人类理性的个别情况的。在《论法的精神》第19章第19节中，对规律的主观主义解释表现得更加突出。在那里，孟德斯鸠把规律说成是经过立法者详细制定的特殊的规章制度。在《波斯人信札》中，他认为社会上的一切灾祸的原因是:“大半的立法者,均系见解狭窄的人,由于偶然的原因,他们位居众人之上,他们所参考的,只是他们的成见和幻想。”①

由此可见,虽然孟德斯鸠提出了社会的客观规律问题,但是他同马克思以前的社会学者一样,不能始终一贯地坚持自己的立场。社会规律在他看来时而是客观的,时而是主观的,并且一到考察具体事件的时候,主观主义是照例压倒客观主义的。

孟德斯鸠在强调社会发展若干根本规律的客观性的时候,实质上是把这些规律看作经常在社会中起作用的自然规律。他是社会发展的地理论的一位主要代表人物,也就是说,在他看来,地理环境是产生和存在不同形式的国家政权和法制的根本原因。

在《论法的精神》一书中以“人怎样因气候的差异而不同”为题的一节专论中,孟德斯鸠企图根据一些事例来证明:“人民的精神”是许多自然因素所派生的,因之任何明智的立法者的活动归根到底是和周围的自然环境一致的。孟德斯鸠说,炎热国家的人民,就像老头子一样怯懦;寒冷国家的人民,则像青年人一样勇敢。在寒带的气候里,人们比较坚强些,有道德些,沉着些。热带各国的那些民族都偏重感性;他们追求尽情的享受。在热带的气候里,人体觉得受到压抑,从而产生一种沮丧的心理。因此南方人对一切都漠不关心,他们没有好奇心,既不能做出怎样高尚的举动,也不会有什么宽大的胸怀。他的一切性情都具有消极的性质。南方的居民宁愿忍受惩罚,而不能强制自己从事心灵的活动,同时在他们看

① 孟德斯鸠:《波斯人信札》,人民文学出版社 1958 年版,第 220—221 页。

来，奴隶制度比自治所必需的心智的勤劳更加方便些。孟德斯鸠深信，气候温和的各国情形是根本不同的。孟德斯鸠千方百计地把英国君主政体理想化，他根据不列颠群岛的气候来说明它有许多优点。

但是孟德斯鸠的观点和现代资产阶级社会学者的所谓“理论”截然是两回事；这些社会学者根据种族主义的精神硬说生活在南方各国的民族似乎没有能力发展文化。

孟德斯鸠绝没有想证明一些民族比另一些民族优越。他引证气候在人类成长过程中的决定作用只是想要证明历史进程并不依赖于上帝的意志，而是依赖于纯粹自然的原因，因此不是宗教而是科学才可能揭示社会生活的规律性。所以，不应当把孟德斯鸠的地理理论同帝国主义时代反动的地理说混为一谈。

但是，不能不指出孟德斯鸠关于气候是决定社会发展的原因的论断是根本错误的。事实上，气候、土壤、地形，总之，一切属于地理环境的东西虽然也是社会物质生活的必要条件，虽然也影响到社会的生活，却不能成为社会发展的主要原因。要知道，在相同的气候条件下可以存在着极不相同的社会形式和政治形式。地理环境的发展比社会生活的发展慢得多。我们知道，国民党统治下的中国事实上是帝国主义强盗们的半殖民地，而现在人民民主的中国则永远摆脱了帝国主义者的压迫。气候条件相同，但是中华人民共和国的社会制度和政治制度同国民党中国的社会制度和政治制度则是根本对立的。气候没有变化，然而取得胜利的人民革命使中国变成了一个人民民主的国家。通过具有革命意义的土地改革以及大工业和银行的国有化，中国的经济发生了根本变化。

由此可见，事实显然说明孟德斯鸠的地理说是错误的。然而甚至从错误地引证地理环境中，孟德斯鸠力图作出在当时是进步的结论。例如他肯定说，在许多国家里，共和制度是必然的产物，因此谁也没有权利怀疑共和制度的合法性。

孟德斯鸠几乎对世界上所有的民族都充满着人道主义的感情，他的这些值得赞同的言论今天还严重地打击着企图玷污一切民族的现代资产阶级种族主义社会学者的言行。

孟德斯鸠把地理环境当作社会发展的根本动力，他企图回答人类社会的产生和国家起源的各种具体原因的问题。在这里，他完全根据自然权利理论的精神（荷兰的格劳修斯和斯宾诺莎，英国的霍布斯和洛克）证明，人们最初生活在没有国家的自然状态中，只是随着时间的推移才出现了组织国家政权的必要性。孟德斯鸠是这样一派自然权利的拥护者之一，他不像霍布斯那样认为过着原始生活的人群是普遍敌对的和互相屠杀的，在他看来，原始生活是一种友好和和平的状态。把原始人理想化对孟德斯鸠说来是批评当代封建文化的一种形式。

孟德斯鸠证明说，原始人群没有互相攻夺的必要。相反，他们同和平共处是休戚相关的。他们也不可能产生统治另一群人的愿望，因为这种愿望是由比较复杂的社会关系所引起的。因此，孟德斯鸠断定，要和平不要战争，这就是人类的第一条自然规律。孟德斯鸠的这个论断打中了主张发动帝国主义战争，硬说战争是人的本性所固有的属性的现代思想家们的要害。

这位法国启蒙运动者宣称，求食的意愿是人的第二条自然规律。唯心主义的社会观点使孟德斯鸠不可能根据这个原理得出物质财富的生产方式决定社会发展的正确的结论。他只是把生产看作影响社会生活的许多因素之一。孟德斯鸠认为,人们的经济活动是人体的生理现象所派生的。这就是说,他用生物学的观点来说明社会过程。孟德斯鸠断言,产生社会的原因之一是每一个动物机体都有一种纯粹的生物本能和同种动物的接近。他把这种本能叫做人的第三条自然规律。

孟德斯鸠用社会契约论的精神从第三条自然规律中引申出第四条规律,这条规律就是:人认识到必须建立社会和国家。他在《论法的精神》一书中议论说,希望过社会生活是由于人们能够理智地进行思考和作出决定。

孟德斯鸠关于在原始社会中没有私有制的天才猜测具有特别巨大的吸引力。在《论法的精神》一书中,孟德斯鸠宣称:人们放弃了自然的独立性,在国家法的控制下生活,然后他们放弃了自然的财产公有制,在民事法的控制下生活。由此可见,他认为私有制是在历史发展的后期产生的。不过孟德斯鸠是一个资产阶级思想家和唯心主义者,他从这个事实中做出了错误的结论。在他看来,私有制似乎是社会契约的产物,这就是说,是以法律规范为转移的。在他看来,似乎私有制是文明的最高表现。孟德斯鸠力图证明,即使承认公有财产比私有财产先进,任何人也没有权利剥夺个人的财产,哪怕是微不足道的一部分。他宣称,如果国家政权想要在私有土地上建造公共房屋或者修筑新路,在这种情况下,他也一定要充分考虑到私有者的利益,并且赔偿业主的损失。

大家知道,孟德斯鸠崇拜私有财产权并不是特殊的情况。这种崇拜是革命以前那个时期大多数法国启蒙运动者所共有的。

孟德斯鸠认为国家政权和私有制是社会“正常”生活的必要条件。他规定国家政权有三种基本形式。按照他的意见，这些形式都能在某种程度上实现有益的社会职能。这三种形式是：共和制度、君主制度和专制制度。孟德斯鸠所理解的共和制度是指最高权力全部或部分操在人民手中的一种政体。他把君主制度说成是通过固定的法律来实现的寡头政权。至于专制制度，它是完全由一个人专横独断、藐视任何法律的一种国家制度。

孟德斯鸠教导说，每一种国家制度都取决于一定的客观原因，如气候、土壤、领土的大小等等。孟德斯鸠就是用这些论点来驳斥基督教所谓一切权力都来自上帝的著名论断。他论证说，一种政治制度代替另一种政治制度在原则上是可能的。

孟德斯鸠关于共和国的合理性并不比君主政体差的思想具有极大的进步意义。虽然他本人同情开明的君主政体，但是他在世界通史中发现许多事实证明共和制度比君主制度有一定的优越性。在《波斯人信札》中，孟德斯鸠驳斥了那些不重视共和政体的封建的历史编纂学者。为了说明这个问题，他不仅以古希腊、古罗马或迦太基的历史为根据，并且指出，无论在意大利、西班牙或者德意志的一定历史发展阶段上都存在过共和政体。他把古希腊史看作是希腊居民逐渐摆脱君主制政权而获得解放的历史。孟德斯鸠总结说，只有在共和国中，希腊人民才得到了真正的自由，大大地发展了经济和文化事业。

虽然孟德斯鸠反对通过革命来推翻法国的君主制度，但是他毕竟不能不承认革命斗争在古代世界中的作用。他不得不断定，古代的共和制度是通过同君主政体的拥护者进行无情斗争的道路才实现的。

虽然孟德斯鸠本人并没有把这些原理推广运用于法国，甚至主张同国王政权妥协，但是法国资产阶级革命的活动家却用另一种眼光对待他的言论。他们引证孟德斯鸠的著作论证法国必须建立共和制度。

在孟德斯鸠的《波斯人信札》中包含着关于共和制度在经济上的优越性的卓越思想。孟德斯鸠公开宣称，公民平等促进居民的福利，而专制政体却使受压迫的人民大众贫穷困苦。在共和国中，国家的财富引起人口的增长。孟德斯鸠写道：

"政府温和，可以非常有效地帮助人口蕃衍，所有的共和国，即为经常的例证。其中尤其是瑞士与荷兰，如果从它们的土地性质考虑，可以说都属于欧洲最坏的地区，但是人口最为旺盛。"

"最吸引外国人的，莫过于自由与富裕；富裕永远随自由而来；自由本身，为人所追求，而我们则为需要所引导到那些富裕的国度中去。"

"在这样的地方，人口可以倍增。在这里，物产丰富，足供孩子们的需要，同时毫不减少对父亲们的供应。"

"从公民间的平等，通常可以产生财产的平等，并且将富庶和生命带到政治机体的各部分，从而散播到全国。"

"在那些屈服于专制政权之下的国家，情形就和这不同。那里君主、廷臣以及若干个别人士，占有全部财富，同时别的人却全体呻吟在极度贫困中。"

"假若有人，生活并不舒适，而且自己觉得他生了儿女一定会比他更贫苦，他就不结婚了；或则他虽结婚，却怕有为数过多的儿女，他们可能把他的财产整个打乱，他们的生活处境，可能比他们父亲更为下降。”①

孟德斯鸠的这些话打中了现代马尔萨斯主义者的要害，那些人硬说在各个资本主义国家里，劳动人民的贫困是由于他们繁殖过度引起的。孟德斯鸠早已懂得贫穷的原因根本不在这里。他弄不明白的只是这样一点，即无论在封建制度下或者在资本主义制度下的广大劳动群众都不可能得到幸福。

孟德斯鸠反对法国专制制度的思想斗争具有很大的意义。他在《波斯人信札》中发挥了一种思想：法国国王的那种残害人民群众的利益的反动政权，却胜过东方的苏丹和巴迪沙赫的暴政。孟德斯鸠深信，如果波斯人绝对服从他们的君主，这是因为他们没有经过思索。法国人甚至使自己的思想也服从于国王政权。他们自觉地替专制者服务，这就是说，他们是国王的死心塌地的奴仆。但是，按照孟德斯鸠的意见，人民群众对待自己的君主本质上是没有区别的。无论“好”君主和“坏”君主同样都是第三等级所不需要的。“即使有十个国王，一个接一个，先后互相杀死，人民只知道他们的名字，所以对于他们生死，并不感觉任何区别，就像先后统治过人民的只是一些鬼魂。”②

孟德斯鸠在《波斯人信札》中议论说，法国国王是欧洲最强大的君主。他并不同西班牙国王一样拥有金矿，但是他比其他所有的国王更加富裕得多。因为他丧尽天良地剥削自己的臣民，进行

① 孟德斯鸠：《波斯人信札》，人民文学出版社 1958 年版，第 210 页。

② 孟德斯鸠：《波斯人信札》，人民文学出版社 1958 年版，第 176 页。

掠夺其他民族的非正义战争，采取欺骗性的财政措施。他讽刺地写道，法国国王用同样的天才治理他的家庭和国家。他赏赐那些替法国服务的人，也赏赐那些最会向他拍马奉承的人，不过他认为后者比前者还要好些。

如果说在《波斯人信札》中，孟德斯鸠援引古代和当代的具体历史事实并特例批评专制制度，那么在《论法的精神》一书中，他就力求从理论上揭露专制制度是腐败透顶的恶劣的制度，至于某个专制君主的个人品质的好坏则是不关重要的。他宣称，所有的专制国家都无所谓法律。这些国家同样也无所谓保障法律的制度。至高无上的君主总是把政权转托给阿谀者和坏蛋，这些人所想的不是祖国的幸福，而是个人如何发财致富。至于专制君主本人，则习惯于阿谀、奉承和愚昧无知，以致丧失一切高尚的品质，变成一个卑鄙无耻的、为兽欲所推动的人。孟德斯鸠宣称，在专制国家中，人的五官经常告诉他说，他就是一切，而其他的人则是微不足道的，在这种情形下，人自然会好吃懒做和愚昧无知。这位法国启蒙运动者证明说，专制制度是一种恐怖的制度，它所奉行的唯一政策就是对公民进行威胁。因此孟德斯鸠得出结论说专制制度是不巩固的。

孟德斯鸠在《论法的精神》第 5 章第 13 节中拿专制政体同路易斯安纳的野蛮人的习惯相提并论。路易斯安纳的野蛮人想从树上摘下果子，竟把树干连根砍倒。专制政体的行为正好比自己砍倒支持它的统治的树干一样。

孟德斯鸠把君主立宪制度或共和制度同封建专制制度对立起来。他像洛克一样发挥一种立法、行政和司法三权分立的妥协理论。孟德斯鸠深信，如果君主不干涉司法事务，立法机关只颁布法律，不管理国家，那么封建社会的一切主要等级都会满意，特别是资产阶级就不再是贵族的敌人了。和洛克一样，孟德斯鸠在这个问题上的理想是英国1688年的所谓光荣革命，这次革命的基础是资产阶级和封建贵族政权之间的阶级妥协。孟德斯鸠幻想在法国实行同样的妥协。

孟德斯鸠企图从原则上划分君主制度和专制制度，这也是一种保守的和妥协的看法。孟德斯鸠坚信，共和国中盛行的原则是德行，君主政体的原则是荣誉，而专制制度的特殊原则就是恐怖。马克思在《德法年鉴》的一篇通讯中尖锐地批评了孟德斯鸠的这种论法。马克思写道："君主政体的原则总的说来就是轻视人，蔑视人，使人不成其为人；而孟德斯鸠认为君主政体的原则是荣誉，他完全错了。他竭力在君主政体、专制制度和暴政三者之间找区别，力图逃出困境；但是这一切都是同一个概念的不同说法，它们至多只能指出在同一原则下习惯上有所不同罢了。哪里君主制的原则占优势，哪里的人就占少数；哪里君主制的原则是天经地义的，哪里就根本没有人了。"①

孟德斯鸠保卫君主制原则的时候和卢梭不同，他是从资产阶级上层的利益出发的。他自己在《论法的精神》一书中就公开写道，如果没有少数特权分子，没有富商和大企业主，没有世袭贵族，就无法设想君主政体的存在。但是，即使孟德斯鸠有许多阶级局限性，在这个问题上毕竟比现代资产阶级思想家高出万万倍。他

① 《马克思恩格斯全集》第1卷，人民出版社1956年版，第411页。

主张资产阶级的民主自由，并且要求君主政权以应有的尊敬对待人民。孟德斯鸠断言，只要国家的重要职位被不受人民尊敬的大臣们所窃占，只要卑鄙的小人认为向国王效忠高于向自己的祖国效忠，君主制的原则就会瓦解。君主制度应当保证每个公民都享有最低限度的政治自由。君主没有权利使自己的臣民受到侮辱，没有权利破坏法律。如果君主把自己放在法律之上，他就要变成暴君。

孟德斯鸠在叙述对政治自由问题的各种不同观点的时候指出，有些人所理解的自由，是指可以推翻他们曾授以暴政的那个人和有权选举他们应该服从的那些人。法国资产阶级革命的活动家们从孟德斯鸠的这些话里找到了推翻法国国王的暴政的思想基础。

孟德斯鸠的国家学说是同他关于战争的学说密切相关的。在这里，这位法国启蒙运动者的主要功绩就在于他认为战争是一种社会现象。虽然孟德斯鸠喜欢用生物学的观点说明历史，但是他同那些认为战争是一种“自然规律”的社会学者不同。在这方面，孟德斯鸠无疑要比霍布斯强。在孟德斯鸠看来，只是在有了国家的存在以后才产生了战争。战争的根本原因是一些国家想征服另一些国家。在孟德斯鸠的著作中包含着这样一种合理的思想，即战争的性质取决于各个交战国家存在着什么样的政治制度。他特别有力地揭露专制国家的侵略性，并且强调指出，敌视本国人民的专制者不可能用人道主义的精神对待别国的人民。

孟德斯鸠生活和活动的年代正是大大小小的封建主彼此进行连绵不断的战争的年代，这些战争带来了灾害，而首当其冲的则是广大的人民群众。由于非正义的封建战争，热中于国际贸易，亟亟于寻求自己商品的国外销售市场的资产阶级也受到了损失。所以，孟德斯鸠坚决地进行了保卫和平和争取民族合作的斗争。

在《波斯人信札》中，孟德斯鸠详细地说明了各种战争的具体原因，并且表示出对那样一些战争的愤慨情绪：这些战争的目的在于掠夺别国的财富，霸占他人的领土，奴役被征服的民族等等。有时，君主们由于个人的争吵而开启战端。孟德斯鸠愤怒地宣称：如果这样，这些君主就应当处以死刑。他写道："只有两类战争是正义的战争：一类是为了抗拒敌人的侵袭而进行的战争；另一类，为了援救被侵袭的同盟者。"[①]

孟德斯鸠详细地谈到战胜者对战败者的态度。他公开地宣称，凡是杀害战败者或者把他们变为奴隶的人，自己最后也会落得一个失败的下场。孟德斯鸠根据历史经验指出，由于法国人粗暴地对待妇女，曾经几次被赶出意大利。他写道，被傲慢的胜利者所压迫的人民，不可能忍受他们恣意放纵和暴虐无耻的行为，不可能忍受他们的无穷的侮辱。孟德斯鸠证明了人民群众憎恨干涉者的爱国主义感情是一支能够创造奇迹的伟大力量。他具有关于爱好和平的"穴居者"的原始民族的有趣空想，这种民族尽管没有军事经验，却善于沉重地打击侵犯他们的掠夺者。"穴居者"的力量在于热烈的爱国主义精神，在于保卫自己的祖国和妻室不受残暴的敌人的侵害的坚强决心。孟德斯鸠把"穴居者"同掠夺者的战争称做善良和非正义之间的战争。

---

① 孟德斯鸠：《波斯人信札》，人民文学出版社 1958 年版，第 162 页。

由此可见，孟德斯鸠在保卫和平思想的时候，绝没有站到和平主义的道路上。这位伟大的法国启蒙运动者教导说，捍卫自己的自由和独立的人民应当受到高度的赞扬。

孟德斯鸠在自己的许多著作中非常重视军事技术问题。他称赞火药的发现，认为这是使人不受强盗们攻击的有力的防卫工具；同时他也指出，火药的使用本身也包藏着严重的危险。在发明火药以后，就不再有非正义和暴力攻克不下的防身洞了。因此必须设法不让火药落在罪犯手里。孟德斯鸠问道，如果人们发明出更加残酷的杀人工具，结果会怎样呢？这样的发明不会给人们造成不可弥补的灾难吗？他立刻声明说："不然。这样万恶的发明一朝出现，它将迅速遭受人权的禁止，由于全国一致同意，这发明将被埋葬。"[①]

这位十八世纪先进的法国思想家的这个声明在我们今天具有特别的意义。以苏联和中华人民共和国为首的和平、民主和社会主义阵营进行着争取普遍裁减军备和禁止原子武器的斗争。资本主义各国的广大人民群众，不分民族属性和政治信念，正在联合起来进行反对准备新战争的犯罪政策的斗争。对于从思想上揭露帝国主义侵略者说来，孟德斯鸠的进步观点，正如过去许多其他先进活动家的观点一样，具有重大的意义。

必须特别注意孟德斯鸠试图揭露形形色色的觊觎世界霸权的人。他特别谈到瑞典国王查理十二的远征，并且指出，这些远征照例带有冒险的性质，因为它们违反了历史的客观规律。瑞典人对

---

① 孟德斯鸠：《波斯人信札》，人民文学出版社 1958 年版，第 181 页。

俄罗斯国家的进攻是特别轻率的，因为俄国的潜力比瑞典国王的力量大得不可比拟。孟德斯鸠否认查理的失败是由于偶然的情况。他肯定说：不是波尔塔瓦断送了查理，瑞典统帅必然要败亡，如果不在这里，就会在另一个地方。命运的偶然性可以改变，这不困难，但是不可能保证使自己避开事物的内在本性经常引起的事件。与其说卡尔的主要敌人是自然条件或时运不济，不如说是他自己。孟德斯鸠证明，人们不应当凭一时之念来指导自己的行动，而要使自己的活动符合事物的现状。

唯心主义的历史观妨碍了孟德斯鸠正确地理解像"事物的本性"、"事物的现状"这样的概念。但是关于统帅们的活动不能改变历史事件的方向和进程的这一思想则是有卓著成果的，它严重地打击了社会学和历史编纂学中的主观主义和唯意志论。孟德斯鸠是那些硬说上帝创造历史的人的死敌，他也是那些认为国王或天才统帅的侵略活动可以决定社会生活的人的死敌。他对封建制度的教会辩护者和世俗辩护者也抱着同样的敌视态度。

为了同封建思想体系进行斗争，孟德斯鸠非常注意文化问题。他的启蒙主义思想在这些问题上表现得最为明显。孟德斯鸠把文化理解为人们的风尚、他们的家庭关系、他们对公民义务的履行以及科学和技术成就的利用。孟德斯鸠断言，人们的风尚一方面决定于地理环境，另一方面依赖于现存的政治制度。在这两种场合下，他都驳斥了宗教的定命论。人们的风尚归根到底是从周围的自然界和社会环境中产生的。社会环境的概念在他那里等于政治制度的概念和占统治地位的法制概念。

孟德斯鸠在断定风尚的区别决定于地理条件和社会条件的区

别时忽视了阶级的区别。不了解当时社会的阶级结构是孟德斯鸠的社会学的一个最大的弱点。在这方面，这位法国启蒙运动者远远落后于像英国经济学家亚当·斯密和大卫·李嘉图这样一些企图揭示社会划分为阶级的经济基础的资产阶级学者；另一方面也远远落后于像法国的梯也里、米涅和基佐这样一些企图根据阶级斗争的观点分析十八世纪法国资产阶级革命的历史学家和社会学家。孟德斯鸠用政治原则的斗争代替了社会阶级的斗争。他宁愿说明贵族制度**原则**的崩溃，而不是说明贵族制度的崩溃，他宁愿批判专制制度的**思想**，而不是批判专制制度。但是就是在这里，孟德斯鸠也不能不承认，在“思想”和“原则”的斗争后面隐藏着实在的社会力量的斗争。在指出民主制的原则不同于贵族政体的原则以后，他立即提出了问题：民主制的原则以人民为后盾，贵族政体的原则以一小撮奴役人民的人为后盾。

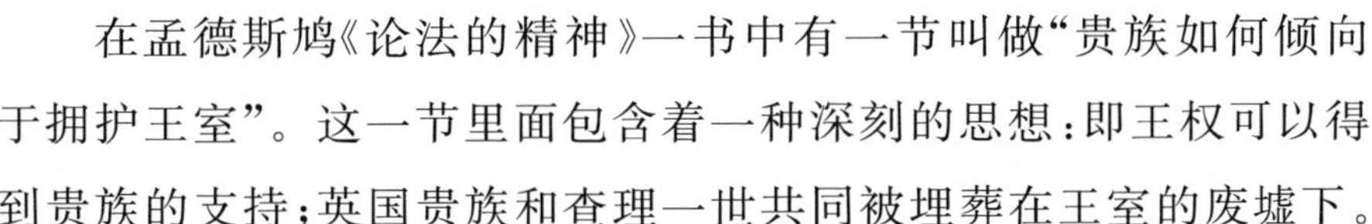

在孟德斯鸠《论法的精神》一书中有一节叫做“贵族如何倾向于拥护王室”。这一节里面包含着一种深刻的思想：即王权可以得到贵族的支持；英国贵族和查理一世共同被埋葬在王室的废墟下。

由此可见，孟德斯鸠虽然和所有的唯心主义者一样把支配社会的现实关系和阶级斗争归结为思想斗争，但是同时在若干场合下，他天才地猜测到生活本身必然产生出思想。他承认，在各种思想背后隐藏着特定等级的利益，把这种猜测运用于法国，孟德斯鸠理解到，这就是说无权的第三等级进行反对封建社会两个特权等级——即贵族和僧侣的斗争。

在阐明社会风尚和习惯的时候，孟德斯鸠在个别地方把农民、手工业者和资产阶级同贵族对立起来。他表扬第三等级的代表对劳动的热爱，而批评世俗的和教会的封建主的寄生生活。在《波斯人信札》中，孟德斯鸠驳斥了这样一种武断：好像法国人是轻浮的、懒惰的人民，他们只想到吃喝玩乐。实际上绝大多数的法国人都在忠诚地和热情地劳动着。孟德斯鸠写道，法国人民生来就有工作热忱，没有劳动就不会有法国的文化、不会有法国的城市和乡村、不会有古代的建筑和手工工厂，没有劳动就不会有巴黎。

但是，作为资产阶级思想家，孟德斯鸠不可能揭露第三等级自身所固有的阶级对抗。他无法理解劳动人民和资本家之间、手工工厂的工人和厂主之间的根本区别。孟德斯鸠把普通法国人的劳动活动同商人和工业家的追求财富混为一谈。他深信，“这种发财的狂热，从这一社会阶层发展到另一阶层，从手艺工匠直到大人先生。”①

孟德斯鸠衷心地相信，只有法国国王及其近臣才过着寄生的生活方式，只有他们才有无穷的财富。他完全承认罗马教皇本人和他的大主教们都是些寄生虫。这位法国启蒙运动者把封建贵族和教会贵族上层特权人物的寄生生活，把他们的风尚和习惯，批判得体无完肤。在《波斯人信札》中，孟德斯鸠再三再四地宣称，国王的部长和他们周围的人都是些极不道德的人，这些人所考虑的不是法国的幸福，而是卑鄙的低级趣味。孟德斯鸠用讽刺的口吻写道：“所谓大贵人，乃是一个能见到王上的人，他可以和大臣们说话，他有显贵的祖先，有债权与年俸。如果他能借此用忙碌的神气，或假装寻欢作乐，来掩饰闲散的生活，他就认为自己是世上最

① 孟德斯鸠：《波斯人信札》，人民文学出版社 1958 年版，第 182 页。

幸福的人。”[1]

孟德斯鸠悲痛地承认，盛行于封建社会上层的非道德主义对第三等级的代表也发生着有害的影响。他谈到工业家和银行家、商人和手工业者的道德堕落的情形。

孟德斯鸠提议用什么方法同这一切罪恶作斗争呢？

孟德斯鸠不敢从自己对封建文化的批评中直接作出革命的结论，就用资产阶级启蒙运动的精神将重点放到对年青一代的正当教育上。他认为自己时代的主要任务是宣传合理的道德。在《波斯人信札》中，孟德斯鸠拿人同植物来比较：如果植物得不到很好的照料，它绝不会顺利地生长。因此法国人需要能够同时成为教育学家和立法者的、灵巧的园丁。在《论法的精神》第 7 章第 8 节中，孟德斯鸠写道，最好的立法者不仅善于从共和国中除去不道德的行为，甚至能够把同不道德行为相近的东西也除掉。孟德斯鸠认为法国人的根本任务在于培养忠于自己，忠于家庭，而主要是忠于祖国的真诚正直和谦逊朴素的人。孟德斯鸠教导说，先进的、道德高尚的人都愿意使自己的祖国得到荣誉，同时“在各国，对于光荣的追求，和人民的自由同增，亦与之同减；光荣绝不是奴役的伴侣，这是可以立为格言的”。[2]

孟德斯鸠宣布了爱国主义的原则，并把这些原则同资产阶级的民主自由联系起来，同时他也反对唆使一些民族侵犯另一些民族的反动行为。孟德斯鸠指出中国人、印度人、非洲各个民族的功

---

① 孟德斯鸠：《波斯人信札》，人民文学出版社 1958 年版，第 153 页。

② 孟德斯鸠：《波斯人信札》，人民文学出版社 1958 年版，第 154 页。

绩，对他们的评价并不低于对英国人、法国人和西欧其他国家的人民。孟德斯鸠教导说，任何一个人，无论他的社会出身怎样，都应当受到重视和尊敬。

孟德斯鸠是资产阶级人道主义思想家之一。他的人道主义尽管有许多阶级局限性，却是一封反对主要把人看作剥削对象的帝国主义资产阶级的起诉书。过着寄生生活的现代资产阶级对待劳动人民并不是采取仁慈的态度的。它的唯一的生活动力就是追逐最大限度的资本主义利润。

作为刚要建立政权的年轻阶级利益的代表，孟德斯鸠忠诚地相信他所保卫的是全体法国人民的利益。弗·依·列宁关于当时的法国资产阶级写道："法国 1789 年的问题是推翻专制制度和贵族的问题。资产阶级在当时经济和政治的发展阶段上，相信它的利益同农民的利益协调一致，不担心自己统治的巩固性，而同农民结成了联盟。这个联盟保证了革命的彻底胜利。"①

在腐朽的资本主义时期，资产阶级采取了相反的立场。帝国主义者执行着反人民和反民族的政策。他们打着世界主义的旗帜，把民族主权的原则宣布为过时的东西。

孟德斯鸠的社会学是他的社会政治纲领的理论导言，这个纲领主张用资产阶级民主制度来代替封建专制制度。

《论法的精神》的第 15 章是专门批评奴隶制度的，不过孟德斯鸠的奴隶制的概念也包括农奴制关系。这位法国启蒙运动者把民

① 列宁：《论革命的两条路线》，载《列宁全集》第 21 卷，人民出版社 1959 年版，第 395 页。

事奴隶制规定为一个人对另一个人的生命财产的绝对统治；除了民事奴隶制以外，孟德斯鸠还谈到政治奴隶制，即公民在国家面前的无权地位。

由此可见，孟德斯鸠反对奴隶制的言论就是反对封建农奴制度及其经济基础和政治基础的言论。

孟德斯鸠断言，民事奴隶制按其本性是不道德的。它给整个社会造成损害，它不仅摧残奴隶，而且也不利于奴隶主。政治奴隶制剥夺人民基本的人权。孟德斯鸠反对允许欠债的人卖身为奴隶的罗马民法。孟德斯鸠从形式的法律观点出发，机智地指出：好像自由人可以卖身的看法是不正确的。出卖以支付为前提。但是既然被购买的奴隶连同自己的财产一起变成自己主人的所有物，那就是说，主人没有付出任何东西，奴隶没有得到任何东西。

孟德斯鸠同样坚决地反对父亲有权把自己的子女出卖为奴隶。他宣称，如果一个人无权出卖自己，他就更加不能把自己的后代出卖为奴隶。

保卫奴隶制和农奴制的人们是这样证明这些制度的“慈善”性质的：奴隶主或封建主有义务养活靠他为生的人们。孟德斯鸠批评这个论据，并且机智地宣称：如果这样，奴隶制或农奴制就只能适用于没有劳动力的人。但是，无论奴隶主和农奴主都只关心有劳动力的奴隶。由此可见，替奴隶制作辩护的论据是站不住脚的。

孟德斯鸠驳斥那些从经济学的观点支持奴隶制关系和农奴制关系的谬论，这些谬论的根本内容是自由人绝不会去完成某些特别繁重的工作。孟德斯鸠引证历史，并且回忆只有奴隶或罪犯在矿山工作的时代。他宣称，在我们今天，自由的公民自愿在矿山工作，他们甚至热爱自己的职业。孟德斯鸠不仅表示了他对农奴制度的否定态度，而且也阐述了自己的、使剥削者和被剥削者形式上平等的积极纲领。他把靠出卖自己劳动力给资本家以维持生活的自由人同奴隶和农奴对立起来。

此外，孟德斯鸠提出另一个更加可信的理由来反对强迫劳动。他断言，没有哪一种繁重的工作不能用机器来代替。只要人操纵着完善的生产工具，全体人民就会得到愉快的、幸福的和富裕的生活。

作为资产阶级思想家的孟德斯鸠没有根据这个论点作出激进的结论。他停留在一般的思想上面，这种思想是：技术和科学应当替历史的进步服务，并且帮助人类从最繁重的体力劳动中解放出来。但是，甚至在这个有限的意义上，孟德斯鸠的卓越思想也起过巨大的积极作用。

在《论法的精神》第 19 章第 27 节中，孟德斯鸠阐明了他认为是最完善的政治制度的各种基本原则。在自由的国家中，每一个公民应当具有自己的意志，应当是独立的人。全体公民都有权对法律的明文规定没有禁止的一切东西用口头或书面发表意见。大臣们必须在人民大会上报告自己的工作。这种国家的领导人物在对外关系上，要保持正直的态度和坦率的精神。人们都有信仰的自由。在这种国家里，任何宗教派别都是允许的。孟德斯鸠用一种比较谨慎的说法同意无神论者应得到合法的存在。教会要和国家分离，它不可能强迫命令，而力求通过说服进行活动。孟德斯鸠用资产阶级同贵族妥协的精神肯定说，贵族人士所继承的优点不仅要保存下来，而且还要巩固下去。但同时，贵族将比从前更加接近人民得多。孟德斯鸠在影射专制的法国的时候断言，在他所理想的国家里，治理国家的人们所喜欢的不会是阿谀谄媚和拍马奉承的人，而是老老实实和真正有用的助手。最后，孟德斯鸠宣称，在真正的国家里，人们尊敬公民不是因为他们有华而不实的才能和特性，而是由于他们的真正的品质，他所谓真正的品质是指财产和个人的特长。

由此可见，孟德斯鸠的政治理想没有越出资本主义的范围，没有越出生产资料私有制的范围。在思想上准备资产阶级革命的时期，孟德斯鸠的著作有助于彻底破坏封建旧制度的威信。孟德斯鸠的历史功绩使他有权在法国文化的发展和世界文化的发展中占据显著的地位。

*　　　　*　　　　*

如果不专门考察一下孟德斯鸠关于俄国的言论，就不可能充分地了解他的思想。孟德斯鸠同伏尔泰、狄德罗和其他许多法国启蒙派一样，对俄国人民和俄罗斯文化始终是特别同情的。因此，俄国的进步活动家们也高度地评价了孟德斯鸠的著作。孟德斯鸠同那些千方百计对俄国的一切大肆诬蔑的法国反动分子不同，他详细地研究了俄国的历史，广泛地考察了沙皇政府的经济政策，对于俄国人民的未来发表了极端乐观的见解。

在《波斯人信札》中，孟德斯鸠通过一个捏造的、驻莫斯科的波斯使臣的口谈到俄国。沙皇俄国的政治制度没有得到这位法国启蒙运动者的同情。他把俄国君主描写成自己臣民的生命财产的绝对主人。他写道：甚至是波斯的统治者，“众先知的全权大臣，众王之王，他以天为梯阶，而对权力的执行，情况并不比这更可怕。”①

但是孟德斯鸠并没有把沙皇专制制度同俄国人民混为一谈。在《论法的精神》一书中，孟德斯鸠强调指出，俄国人民在同瑞典人作战时表现了爱国主义的感情、坚忍顽强的精神，他们在失败的时候绝不垂头丧气，而且善于争取最后的胜利。

孟德斯鸠赋予气候条件以巨大的意义，并且认为俄国寒冷的气候和广阔的幅员是产生沙皇专制制度的一个主要原因，但是他同时指出，地理环境并不能防止俄国人同自己的君主们进行政治斗争。

特别值得指出孟德斯鸠关于沙皇俄国的专制制度和俄国经济向前发展的利益之间存在着深刻的矛盾的论断。他说，俄国首先需要贸易，而稳固的贸易则必须有金钱交易。但是这些交易同禁止与外国建立金钱关系的专制法律发生冲突。孟德斯鸠感慨地说，俄国人民由两种人组成，一种人是农奴，他们实际上是奴隶，另一种人是教会人士和贵族人士，他们是俄国皇帝的政治奴隶。俄国最突出的现象是没有手工业者和商人，这就是说，没有第三等级。

由此可见，孟德斯鸠通过一种谨慎而且婉转的说法，主张必须要根本改造俄国的经济制度和政治制度，取消农奴制度，废除不公正的法律和鼓励第三等级的活动。他的俄国社会政治纲领在许多关键问题上是同改革法国政治的纲领一致的。

孟德斯鸠在谈到最重要的俄国历史事件的时候，特别仔细地分析了彼得大帝的活动，并且说明了彼得改革的重大意义。在他

---

① 孟德斯鸠：《波斯人信札》，人民文学出版社 1958 年版，第 84 页。

看来，彼得大帝是一位杰出的政治活动家，他的大胆的措施遭到了俄国最反动的社会力量的抵抗。

孟德斯鸠宣称："俄罗斯人绝不能离开国境，即使为了旅行。因此，由于本国的法律使他们与别的国家隔绝，所以他们保存了古旧的风俗习惯；尤其因为他们不信有其他风俗习惯之可能，所以对自己的风俗更坚持。"

"然而当朝君主，却想要把一切都加以改变。关于胡须问题，他和国人曾经大起纠纷；教会与僧侣为了坚持他们的无知，进行斗争也不比别人少。"

"这君主一意设法使工艺昌盛，并且不遗余力，欲令本国的荣誉，远扬于欧亚二洲；直到目前，那是一个被遗忘的国度，知道它的，几乎仅仅是它自己。"

"君主心神不宁，并且经常坐立不安；他在他的辽阔的领域之内彷徨，到处留下他的天性严厉的烙印。"

"他离别自己的国土，仿佛国内容不下他，而到欧洲去寻求别的行省，新的王国。"①

孟德斯鸠在《论法的精神》一书中评述了彼得大帝颁布的一些法律，并且着重赞扬了在这位法国启蒙运动者看来或多或少可以改善农奴的地位的那些法律。他写道，彼得大帝下了一道目前仍在俄国执行的极端明智的命令：贵族向农民征收捐税，然后缴纳给沙皇。如果农民人数减少，他得照旧支付。如果农民的人数加多，贵族仍然只支付同样的数额。孟德斯鸠推论说，这样一来，就有一

① 孟德斯鸠：《波斯人信札》，人民文学出版社1958年版，第86页。

种经济利益使得农奴主不排挤他的农民。

然而孟德斯鸠不是一味地赞扬彼得。他也批评彼得过分专制的表现，批评他在许多场合下忽视了人民的习惯和传统。他引证培里1717年在巴黎出版的《大俄罗斯的现状》一书来批评彼得的一项命令，这项命令规定，他的臣民只有在他们预先把两份以上的申诉书递给他的官吏以后，才能把申诉书呈交沙皇。孟德斯鸠说，从那时起，谁也不敢向俄国沙皇呈递申诉书。孟德斯鸠委婉地责备俄国沙皇不愿意同人民群众建立比较紧密的联盟。同时他力图证明，可能有一种民主主义的君主制度：它的基础是一切阶级和社会集团，包括农民、手工业者和资产阶级在内。

孟德斯鸠对俄国的友善态度、他所发挥的思想，在俄国不同的社会阶层中间引起了不同的反应。占统治地位的贵族思想体系的代表们，包括女皇叶卡捷琳娜第二在内，力图利用孟德斯鸠的不彻底性、他的君主主义思想，以进一步巩固农奴制国家。俄国人民的进步活动家，从拉吉舍夫、普希金和十二月党人到伟大的革命民主主义者别林斯基、赫尔岑、车尔尼雪夫斯基和杜勃罗留波夫，则保卫了孟德斯鸠的先进的启蒙思想、他反对专制制度的英勇斗争以及他对教会经院哲学世界观的批评。在对待孟德斯鸠的著作遗产的态度问题上展开了斗争。这一斗争的结果，反动派想歪曲这位卓越的法国启蒙运动者进步活动的真正意义的企图遭受了破产。在俄国读者的心目中，孟德斯鸠是一个封建农奴制度的天才揭发者，是一个深刻的思想家，是一个在社会学思想史上揭开了新篇章的杰出学者。

孟德斯鸠的主要著作，早在十八世纪和十九世纪初期就译成了俄文在俄国出版。比如《罗马盛衰原因论》是1769年译成俄文的。《波斯人信札》是在1789年法国资产阶级革命爆发的头一年在俄国出版的。至于孟德斯鸠的基本著作《论法的精神》，则于1809—1814年在俄国刊行。

叶卡捷琳娜第二追求开明女皇的荣誉，因此保持着同像伏尔泰和狄德罗这样一些法国大思想家的通信往来。她大声地宣布自己是孟德斯鸠的崇拜者。1767年，叶卡捷琳娜第二向俄罗斯国家新法典起草委员会委员们发布了一个《指示》，这个《指示》直接地援引孟德斯鸠的地理主义，特别是孟德斯鸠关于辽阔的幅员似乎宜于建立专制制度的主张。叶卡捷琳娜第二在《指示》中宣称，专制政权在俄国是完全自然的，因为"任何其他的政权在这样的国土上都无法动作，那些政权不仅有害，而且还直接使公民遭到惨重的损失"。同时，为了达到收买民心的目的，叶卡捷琳娜在自己的《指示》中叙述了孟德斯鸠关于支持工业和商业、关于宽容异教以及关于发展教育的积极的启蒙思想。

非常明显：叶卡捷琳娜绝不会想实现反映在她的《指示》中的孟德斯鸠的进步思想。并且，她曾授意她的元老院颁布1767年9月24日的特别命令；这个命令甚至禁止沙皇官吏阅读《指示》，并以57份来限制它的流传。

赫尔岑在1852年出版的名著《俄国人民和社会主义》中十分恰当地刻画出叶卡捷琳娜第二对待孟德斯鸠和其他启蒙运动者的态度。赫尔岑写道："1789年以前，女皇的宝座得意洋洋地披上启蒙运动和哲学的庄丽的饰物。人们曾经用纸扎的农舍和彩色木板做的宫殿来哄骗叶卡捷琳娜第二，这是理所应得的……谁也不会像她一样善于用豪华的布景迷惑住观众。在爱尔米塔什，一片谈论伏尔泰、孟德斯鸠和培卡里的声音。诸位，你们知道，实际情况完全相反。”①

赫尔岑公开地谴责了叶卡捷琳娜第二对孟德斯鸠的阳奉阴违的态度。他懂得：要拥护孟德斯鸠就不能同时迫害拉吉舍夫和俄国人民其他先进的儿子。

叶卡捷琳娜第二的拥护者之一波尔金比较忠诚、比较公正地对待孟德斯鸠；作为一个历史学家和社会学家，他肯定地评价了孟德斯鸠在社会发展中寻找客观规律性的意图。波尔金通过温和慎重的方式支持了孟德斯鸠和其他法国启蒙运动者的理性主义以及他们对经院哲学的蒙昧主义的否定态度。

拉吉舍夫对孟德斯鸠的态度就不一样。他一开始就认为这位法国启蒙运动者是反对可恶的专制制度的斗士。拉吉舍夫在自己卓越的革命著作《从彼得堡到莫斯科旅行记》中引证了孟德斯鸠的言论。

孟德斯鸠从普希金那里得到了真正的推崇。在自己未完成的关于维克多·雨果的论文中，他把孟德斯鸠和蒙台涅、伏尔泰、卢梭等人同等地看成是法国最好的作家，是机智而且优秀的法国人民的最光荣的代表。普希金深刻地研究了孟德斯鸠的著作，他特别赞赏《波斯人信札》和《论法的精神》。在《洛巴诺夫对外国和祖国民间文学的精神的见解》一文中，普希金称孟德斯鸠是法兰西民

① 赫尔岑：《著作和通信全集》（莱姆克编辑）第6卷，彼得格勒1919年版，第455页。

族的骄傲。在同一时期(1836 年)所写的关于伏尔泰的论文中,普希金谈到这位天才的法国启蒙运动者时写道:“这位伟大作家的每一行字都将成为后世的珍品。”①

十二月党人很好地理解了孟德斯鸠作为一个反对专制制度的斗士和杰出的社会学家的意义。除了卢梭、霍尔巴赫和爱尔维修的著作以外,伯斯特尔还研究了孟德斯鸠的著作《论法的精神》。

革命民主主义者别林斯基、赫尔岑、车尔尼雪夫斯基、杜勃罗留波夫和皮萨列夫指出了孟德斯鸠的巨大的进步作用。在《自然研究通信》中,赫尔岑把孟德斯鸠的《波斯人信札》称作特别勇敢的书籍,并且拿它同好像霍尔巴赫的《自然体系》这样卓越的法国唯物主义著作相提并论。赫尔岑在自己的《日记》中谈到伏尔泰、卢梭和孟德斯鸠的时候写道:“十八世纪的哲学建立了多么巍峨的建筑物……”②。

革命民主主义者们对孟德斯鸠采取了批判的态度。他们公正地驳斥了他的观点中的不彻底性,驳斥了他对君主制度的妥协态度。在《亨利·海涅》一文中,皮萨列夫尖锐地批评了孟德斯鸠和其他法国启蒙运动者所谓立法者万能的信条。

皮萨列夫写道:“十八世纪先进的思想家们深信:好人政府能够在最短期间使任何人民跃升到最文明最幸福的阶段。他们认为,英明的立法者和黄金时代是好像原因和结果一样互相衔接的两个概念。人类的任务用最粗浅的说法来讲就是:推翻暴君,让贤

① 《普希金全集》第 12 卷,苏联科学院出版社 1949 年版,第 75 页。

② 《赫尔岑全集》(30 卷本)第 2 卷,苏联科学院出版社 1954 年版,第 208 页。

人主持国务院，然后乐享太平。假使你想永远增进自己的幸福，那只要监督这些贤人不干蠢事和不要狡猾。一旦发觉失职或作弊的行为，就马上撤换贤人的职务，用另一个正人君子来代替他，并且要深信，你的幸福是无法估量的。信仰宪法是万应灵药的那些人正是这样议论的，因为一切可能的立宪保证和平衡措施都只能归结为：把已经腐朽无能的贤人免职，并且遴选另一些贤人来继承他们的职位。”①

同其他的革命民主主义者一样，皮萨列夫也反对孟德斯鸠所谓“立宪保证”和资产阶级改革的信条；他深信，只有人民群众自下而上的革命斗争才能真正沉重地打击旧制度。

1900年出版了孟德斯鸠《论法的精神》一书的新译本。著名的俄国资产阶级社会学家柯瓦列夫斯基替这个译本写了一篇洋洋大观的序言。从对孟德斯鸠观点的总的估价方面来看，柯瓦列夫斯基的研究还赶不上革命民主主义者们对这位法国启蒙运动者所作的评价。柯瓦列夫斯基在自己活动的初期阶段写了一些有价值的著作，曾经得到马克思肯定的评价。但是后来，他就变成了一个平庸的自由主义者。列宁曾经称他为革命无产阶级的敌人。在《论法的精神》一书新版序言中，柯瓦列夫斯基从孟德斯鸠社会学思想中阉割掉一切可以利用来进行反对俄国沙皇制度的革命斗争的东西。但是如果从材料方面着眼，柯瓦列夫斯基的著作却有很大的用处。特别是其中引用了许多事实证明孟德斯鸠对于像伏尔

① 皮萨列夫：《哲学和社会政治论文选集》，苏联国家政治书籍出版社1949年版，第602—603页。

泰、爱尔维修和狄德罗这样的活动家的影响。柯瓦列夫斯基关于孟德斯鸠影响过法国资产阶级革命的各派政治活动家的论断同样也是非常有用的。

由此可见，在评价孟德斯鸠的社会学方面，革命民主主义者们和资产阶级自由派所持的立场是截然相反的，而且客观真理完全落在革命民主主义者这一边。

马克思列宁主义对孟德斯鸠的社会学观点作了经典式的阐述。在马克思的著作《剩余价值学说史》、《法兰西内战》中，在恩格斯的著作《反杜林论》中，在马克思和恩格斯的通信中以及在其他许多论著中，孟德斯鸠都被看成是一位杰出的启蒙运动者、一位反对中世纪经院哲学的斗士。

同时马克思列宁主义经典作家们也再三指出了孟德斯鸠的观点的历史局限性。他们进行了两条战线的斗争，既反对替孟德斯鸠搽脂抹粉的做法，又反对缩小他在历史上的进步作用。尽管孟德斯鸠有不少的缺点，他仍然是自己时代的进步思想家。正因为这样，抛弃人类思想史上一切进步东西的现代反动的资产阶级科学也抛弃了孟德斯鸠的启蒙主义思想。

苏联人民怀着真诚的敬意对待孟德斯鸠的卓越的著作遗产。1936 年，孟德斯鸠的《波斯人信札》在苏联重新再版以后，立即受到苏联读者的热烈欢迎。这一版的孟德斯鸠著作选集收进了他的最重要的三部著作，即《论法的精神》、《罗马盛衰原因论》、《欣赏自然作品和艺术作品的经验》。这些著作全面地叙述了这位法国思想家的哲学、社会学和政治学的观点。

（王承植译）

附录二　译名对照表

本表按第一字的画数和起笔次序（、一丨丿）排列，先画数，后起笔。其中部作二画，廾、之（辶）作三画。

三　画

大流士　Darius
马其顿　Macédoine
马其顿人　Macédoniens
马利乌斯　Marius

四　画

火诺利乌斯　Honorius
扎玛　Zama
比提尼亚　Bithynie
戈尔地亚努司　Gordien
瓦罗，铁伦求斯　Varron，Térentius
瓦列里安　Valérien
瓦连图斯　Valens
瓦连提尼安　Valentinien
不列颠　Bretagne
巴比伦　Babylone
巴巴里　Barbarie
巴尔兰　Barlaam
巴吉尔　Basile
巴列亚尔　Baléares
巴勒斯坦　Palestine
巴雅吉特　Bajazet
巴尔比诺司　Balbin
贝利撒留　Bélisaire
贝奥西亚人　Béotiens
孔莫都斯　Commode
以扫里安人　Isaurien
比利牛斯山　Pyrénées

五　画

汉尼拔　Annibal
圣山　Mont-Sacre
圣·埃弗勒芒　Saint-Évremond
圣山　Mont-Sacre
布艮第人　Bourguignons
布鲁图斯，戴奇谟斯　Brutus，Décimus
布尔戈涅家　Bourgogne
弗利斯兰　Frise

尼禄　Néron

尼格尔，佩斯肯纽司　Niger, Pescennius

尼凯亚　Nicée

尼西比司　Nisibe

尼科美德　Nicoméde

尼塞达斯　Nicétas

加图　Caton

卡普阿　Capoue

卡尔西敦　Chalcédoine

卡西乌斯　Cassius

卡里古拉，盖约　Caligula, Caïus

卡里尼柯　Callinique

卡拉卡拉　Caracalla

卡普阿人　Capouans

卡庇托留姆　Capitole

卡帕多齐亚　Cappadoce

包杜安　Baudouin

幼发拉底河　Euphrate

六　画

安娜　Anne

安东尼　Antoine

安求姆　Antium

安提冈　Antigone

安条库斯　Antiochus

安托尼诺斯　Antonin

安多洛尼克　Andronic

安多洛玛克　Andromaque

安提帕特尔　Antipater

齐诺　Zeno

米西亚　Mysie

米凯尔，圣　Michel, Saint

米凯尔，口吃者　Michel-le-Bègue

米特利达特　Mithridate

米凯兰哲罗　Michel-Ange

西西里　Sicile

西塞罗，马尔库斯·图留斯　Cicéron, Marcus Tullius

西徐亚　Scythie

西徐亚人　Scythes

西布利人　Cimbres

西拉库赛　Syracuse

西哥特人　Wisigoths

芒都　Mantoue

亚速海　Palus-Méotides

亚历山大　Alexandre

亚历山大·塞维洛司　Alexandre-Sévère

亚历山大里亚　Alexandrie

亚列克赛　Alexis

亚里士多德　Aristote

托勒密　Ptolomée

托斯卡尼人　Toscans

列昂　Léon

列昂，以扫里安　Léon l'Isaurien

列昂，阿尔明尼亚人　Léon l'Arménien

列吉拉　Régille

列古鲁斯　Régulus

列庇都斯　Lépidus
列姆诺斯　Lemnos
吕底亚　Lydie
达奇人　Daces
那波里　Naples
朱诺　Junon
朱庇特　Jupiter
多米先　Domitien
多瑙河　Danube
色雷斯　Thrace
匈奴人　Huns
优古儿塔　Jugurtha
优美涅司　Euménès
优蒂希斯　Eutichès
伊列娜　Irène
伊里利亚　Illyrie
伊奥尼亚　Ionie
伊奥尼亚海　Ionienne
伊壁鸠鲁　Épicure
伊特鲁里亚人　Étrusques
约瑟夫　Josèph

七　画

汪达尔人　Vandales
沃尔斯克人　Volsques
亨利第七　Henri VII
庇鲁斯　Pyrrbus
玛教列　Maggiore
玛尼凯人　Manichéens
玛卡列司　Maccharès
玛尔斯神　Mars
玛尔柯斯　Malchus
玛尔库司·奥列留司　Marc-Aurèle
玛西尼撒　Massinisse
玛乌列斯　Maures
玛尔开路司　Marcellus
玛克西姆司　Maxime
玛克里努司　Macrin
玛克西米努司　Maximin
麦铁路斯　Métellus
苏拉　Sylla
苏汇维人　Suèves
苏格拉底　Sokrates
苏埃多尼乌斯　Suétone
坎奈　Cannes
坎佩尼亚　Campanie
坎塔库吉　Cantacuzene
克里特　Crétois
克拉苏　Crassus
克里米亚　Crimée
克洛路司，康士坦司　Chlore, Constance
克伦威尔　Cromwell
克列欧美尼　Cléomènes
克列奥帕特拉　Cléopatre
杜洛纽司　Duronius, M.
杜伊里乌斯　Duillius
李维，狄特　Live, Tite
李西玛克　Lysimaque
君士坦　Constant

君士坦丁　Constantin

君士坦丁·科普洛尼姆　Constantine, Copronyme

君士坦丁,留有胡须的　Constantin-le-Barbu

君士坦丁堡　Constantinople

阿兰人　Alain

阿尔巴　Albe

阿尔诺　Arno

阿吉斯　Agis

阿庇安　Appian

阿庇昂　Appion

阿波罗　Apollon

阿拉里　Alaric

阿披修　Apicius

阿特拉　Atra

阿提拉　Attila

阿凯安　Achaïe

阿瓦里人　Avares

阿卡奈人　Acarnaniens

阿尔及尔　Alger

阿尔吉德　Algide

阿尔哥斯　Argos

阿克求姆　Actium

阿里乌斯　Arius

阿利安人　Ariens

阿伽美农　Agamemnon

阿拉克斯　Araxe

阿金杜涅　Acindyne

阿格里帕　Agrippa

阿塔路斯　Attalus

阿蒂库斯　Atticus

阿德里安　Adrien

阿凯安人　Achaïens

阿加底乌斯　Arcadius

阿尔比诺司　Albin

阿尔明尼亚　Arménie

阿尔卑斯山　Alpes

阿尔莫利克　Armorique

阿尔赛纽斯　Arsène

阿利安教派　Arienne

阿拉曼尼人　Allemands

阿塔玛尼人　Athamanes

阿玛拉松特　Amalasonte

阿伽托克利斯　Agathocles

阿那斯塔西乌斯　Anastase

里海　Caspienne

里米尼　Rimini

希玛柯　Symmaque

希尔求司　Hirtus

希罗多德　Hérodote

希罗狄安　Hérodien

利比亚　Libye

条顿人　Teutons

佛兰德尔　Flandre

佛罗伦萨　Florence

佛洛露斯　Florus

伽尔巴　Galba

伽利安　Gallien

伽路司　Gallus

伽比纽司　Gabinius
伽列留司　Galère
狄亚娜　Diane
狄奥根尼，罗曼　Diogène，Romain
狄米特留斯　Démétrius
努玛　Numa
努米地亚　Numidie
努曼齐亚　Numance
努曼齐亚人　Numantins
纳尔塞斯　Narsès

八　画

法列拉　Phalère
法兰克人　Francs
法尔那克　Pharnace
法尔撒勒　Pharsale
法比乌司　Fabius
波卡司　Phocas
波托兹　Potose
波尔罗美岛　Borromées
波里利安人　Boriliens
波利比乌斯　Polybe
波利克赛努　Polixène
底格里斯河　Tigre
青春神　Jeunesse
若望　Jean
拉辛　Racine
拉吉人　Laziens
拉封登　La Fontaine
拉温那　Ravenne
拉斐尔　Raphaël
拉丁努司·西尔维乌斯　Latinus Sylvius
拉栖代孟　Lacédémone
拉栖代孟人　Lacédémoniens
拉姆普里狄乌斯　Lampridius
披萨　Pise
披洛斯托尔戈　Philostorgue
奇列涅　Cyrène
奇姆美利亚　Cimmérien
奇诺赛法里　Cynocéphales
居鲁士　Cyrus
欧普斯　Ops
欧洛修司　Oroze
欧迪那托司　Odenat
欧斯洛伊尼安人　Osroéniens
味吉尔　Virgile
图拉真　Trajan
图司库路姆　Tusculum
帖撒利亚　Thessalie
帖撒利亚人　Thessaliens
帕拉司　Pallas
帕尔米拉　Palmyre
帕希米拉　Pachymère
帕尔提亚人　Parthes
帕列欧洛格，米凯尔　Paléologue，Michel
帕列欧洛格，安多洛尼克　Poléologue，Andronic
罗曼　Romain

罗曼，玉尔　Romain，Jules
罗慕露斯　Romulus
罗德斯人　Rhodiens
迦太基　Carthage
迦太基人　Carthaginois
佩尔赛　Persée
佩尔提纳克司　Pertinax
庞培，塞克司图斯　Pompée Sextus
庞撒　Pansa

九　画

洛玛尼亚　Romagne
美地亚　Medie
美米乌斯　Memmius
美安德尔河　Méandre
美索布达米亚　Mesopotamie
茹利安，狄迪乌司　Julien，Didius
柯乃意　Corneille
柯尔列奇奥　Corrège
柏拉图　Platon
查士丁尼　Justinien
查理大帝　Charlemagne
奎里特人　Quirites
屋大维　Octave
恺撒，盖约·尤里乌斯　César，Gairs Julius
哈里卡尔拿苏斯的狄奥尼西乌斯　Denys d'Halicarnasse
叙利亚　Syrie
威尼斯　Venise
威伊城　Véies
威努西亚　Venouse
科尼库勒　Cornicule
科利奥兰奴斯　Coriolan

十　画

涅尔瓦　Nerva
涅卡尔河　Necker
海拉克留斯　Heraclius
海里欧伽巴尔　Héliogabale
诺曼人　Normands
诺立克人　Noriques
高卢　Gaule
高卢人　Gaulois
高加索　Caucase
库力汗　Koulikan
聂斯托留斯　Nestorius
埃克人　Èques
埃瓦格尔　Évagre
埃托利亚　Étolie
埃托利亚人　Étoliens
埃路勒人　Hérules
埃尔尼克人　Herniques
索勒　Sore
热那亚　Génois
荷马　Homère
荷尔米司达斯　Hormisdas
莫迭那　Modène
哥特人　Goths
根赛里克　Gensèric

格拉古,提贝留司 Gracchus,Tibérius
格拉古,盖约 Gracchus,Gaius
格拉古兄弟 Gracches
格拉蒂安 Gratien
格老狄乌斯,阿庇乌斯 Claudius,Appius
桑伽里河 Sangare
陶洛司 Taurus
陶洛美尼亚 Tauroménie
特尔姆 Terme
特列比司 Trébies
特拉西孟 Trasimene
铁新 Tésin
伦巴底人 Lombards

十一画

谢桑纳 Césène
谢雅努司 Séjan
萨比尼人 Sabins
萨地尼亚 Sardaigne
萨拉森人 Sarrasins
康姆尼努,若望 Comnène,Jean
康姆尼努,亚列克赛 Comnène,Alexis
康姆尼努,玛努埃尔 Comnène,Manuel
康姆尼努,安多洛尼克 Comnène,Andronic
盖塔 Géta
盖尔玛尼科司 Germanicus
培尔伽姆 Pergame
菲利普 Philippe
菲利普五世 Philippe V
菲力披柯 Philippicus
莱茵河 Rhin
莱喀古士 Lycurgue
勒诺特 Le Nostre
梯伯河 Tibre
梭伦 Solon
曼利乌司 Manlius
维吉秀 Végèce
维苏威 Vésuve
维纳斯 Vénus
维提撒 Vitisa
维罗涅兹,保罗 Véronèse,Paul
维司巴西安 Vespasien
维蒂利乌斯 Vitellius
维儒里安人 Véruliens

十二画

奥托 Othon
奥路斯·盖留斯 Aulu-Gelle
奥古斯丁 Augustin
奥古斯都 Auguste
奥尔良家 Orléans
奥列里安 Aurélien
奥多亚克 Odoacer
普利尼 Pline
普卢塔克 Plutarque

普劳提安　Plautien
普里吉亚　Phrygie
普洛布司　Probus
普洛科匹　Procope
普布里乌斯・纳西卡　Publius Nasica
普列涅斯特　Préneste
普里司库斯　Priscus
普鲁西亚司　Prusias
鲁次　Lucain
鲁比康河　Rubicon
博斯波鲁斯　Bosphore
塔西佗,科尔涅留司　Tacite,Cornelius
塔林顿　Tarente
塔林顿人　Tarentins
塔波尔山　Thabor
塔尔奎纽斯　Tarquin
塔纳伊司河　Tanaïs
提吐司　Tite
提埃斯特　Thyeste
提贝留司　Tibère
提奥多里　Théodoric
提奥多拉　Théodora
提奥庇洛　Théophile
提格拉涅斯　Tigrane
提奥多西乌斯　Théodose
斯巴达　Sparte
斯多噶派　Stoïque
斯奇比奥・埃米里亚努斯　Scipion Émilien
黑海　Pont-Eusin
喀尔文　Calvin
腓尼基　Phénicie

十 三 画

塞内加　Sénèque
塞琉古　Séleucus
塞浦路斯　Chypre
塞维洛司　Sévère
塞尔维乌斯・图留斯　Servius Tullius
蒙丹　Montan
路易十三　Louis XIII
路易十四　Louis XIV
路易十五　Louis XV
路库鲁司　Lucullus
路克列奇娅　Lucrèce
詹姆士二世　James II

十 四 画

赛尔托留斯　Sertorius

十 五 画

潘恩　Pan
潘诺尼亚　Pannonie
撒尔维安　Salvien
撒特里克　Satrique
撒路斯特　Salluste
撒巴提安人　Sabatiens
撒尔玛特人　Sarmates

撒姆尼特人　Samnites
撒玛利亚人　Samaritains
撒姆布拉埃尔　Sambraël
撒图尔尼洛司　Saturnilus
鞑靼人　Tartares
德路西拉　Drusille
德谟克利特　Demokritos
德谟斯提尼斯　Démosthène

十 六 画

穆罕默德　Mahomet
穆罕默德二世　Mahomet II

十 七 画

戴求司　Dèce
戴克里先　Dioclétien

图书在版编目(CIP)数据

罗马盛衰原因论/(法)孟德斯鸠著;婉玲译. —北京:商务印书馆,2017
(汉译世界学术名著丛书:120年纪念版:珍藏本)
ISBN 978-7-100-14371-4

Ⅰ. ①罗… Ⅱ. ①孟… ②婉… Ⅲ. ①古罗马—历史—研究 Ⅳ. ①K126

中国版本图书馆CIP数据核字(2017)第151991号

汉译世界学术名著丛书
(120年纪念版·珍藏本)

罗马盛衰原因论

附:论趣味

〔法〕孟德斯鸠 著

婉 玲 译

商 务 印 书 馆 出 版
(北京王府井大街36号 邮政编码100710)
商 务 印 书 馆 发 行
北京市十月印刷有限公司印刷
ISBN 978-7-100-14371-4

2017年12月第1版 开本710×1000 1/16
2017年12月北京第1次印刷 印张16

定价:80.00元